DE RASPOUTINE À POUTINE

DU MÊME AUTEUR

en poche

Le roman de Saint-Pétersbourg : les amours au bord de la Néva, Paris, LGF, Le Livre de Poche n° 15610, 2003.

Le roman du Kremlin, Paris, LGF, Le Livre de Poche n° 30387, 2005.

Les tsarines : les femmes qui ont fait la Russie, Paris, LGF, Le Livre de Poche n° 30531, 2006.

Le roman de la Russie insolite : du Transsibérien à la Volga, Paris, LGF, Le Livre de Poche n° 30750, 2007.

collection tempus

Vladimir FEDOROVSKI

DE RASPOUTINE À POUTINE

Les hommes de l'ombre

PERRIN
www.editions-perrin.fr

ISBN : 978-2-262-02676-9

tempus est une collection des éditions Perrin.

Avant-propos

Le 22 août 1991, après l'échec du putsch contre Gorbatchev, il y avait dans l'air de Moscou une douceur particulière. Cette légèreté contrastait avec l'atmosphère orageuse de la veille, journée durant laquelle le communisme était mort en Russie.

Alexandre Yakovlev, l'un des principaux dirigeants de la résistance au coup d'État, l'idéologue de la perestroïka, marchait à mes côtés. Crâne dégarni, yeux noisette malicieux, ce vieux monsieur rondouillard et claudiquant, vétéran de la dernière guerre, demeure pour les Russes le véritable fossoyeur du régime totalitaire. De ses gestes émanait une étrange certitude, cette assurance tranquille que possèdent souvent ceux qui ont risqué leur vie pour combattre des idées reçues.

L'automne avait déjà effeuillé les arbres exhalant une odeur âcre d'écorce humide. Comme nous longions l'épais mur de brique du Kremlin, Yakovlev évoqua l'itinéraire insolite de ceux qui furent les éminences grises de nos dirigeants — des hommes de l'ombre.

« Ils ont tous eu des parcours passionnants et tragiques, comparables à ceux des personnages des *Possédés* de Dostoïevski. Ambigus et insaisissables, habiles manœuvriers et manipulateurs, ils ont souvent été plus influents que nos tsars... », ajouta-t-il avec une certaine amertume.

Sans doute songeait-il à son propre rôle dans la fin du totalitarisme.

« Ces êtres à triple fonds pensaient une chose, en exprimaient une autre pour agir encore différemment », conclut-il.

Si j'ai décidé de raconter l'itinéraire de ces personnalités, c'est que les « tsars sous influence » demeurent une hantise pour mon pays.

Pourquoi en Russie ? Parce que le pouvoir y a toujours été absolu, sans alternative démocratique, laissant ainsi aux hommes de l'ombre la possibilité de jouer un rôle déterminant.

Plus que les témoignages inédits ou les archives secrètes, c'est leur personnalité qui m'a subjugué.

Raspoutine, directeur de conscience de Nicolas II et de son épouse ; Parvus, financier occulte de Lénine ; Beria, bras séculaire de Staline ; Alexandre Yakovlev auprès de Gorbatchev, et maintenant Poutine, ex-espion devenu président de la Fédération de Russie, ont tous un dénominateur commun.

Tous furent des hommes de l'ombre qui marquèrent le cours de l'Histoire, parfois en apparaissant sur le devant de la scène ou en menant en sourdine dans les coulisses du pouvoir leur jeu subtil. Cependant, au fil des pages, apparaîtront trois catégories d'éminences grises. Les premières, comme Raspoutine et Beria, figurent parmi les grands mythes du XIXe et du XXe siècle, souvent marqués par la désinformation historique. Le rôle déterminant des deuxièmes, comme celui d'Alexandre Yakovlev, est davantage connu par les initiés. Quant aux troisièmes, comme Parvus ou d'autres hommes de l'ombre de la révolution russe, ils sont pratiquement inconnus du grand public.

Pourtant, l'itinéraire personnel de chacun d'entre eux permet d'apporter un éclairage nouveau sur les principales crises qui ont opposé la Russie à l'Occident.

Comment la police secrète du tsar plaça ses agents à la

tête des principaux partis révolutionnaires, avantageant malgré elle les bolcheviks.

Comment l'état-major allemand eut l'idée de mettre à la disposition de Lénine le fameux wagon plombé.

Comment Staline créa son réseau de « maîtres espionnes ».

Quelle fut l'histoire secrète de la réunification de l'Allemagne orchestrée par Alexandre Yakovlev.

Pourquoi le coup d'État de 1991, le plus court de l'Histoire, fut-il une gigantesque manipulation.

Comment Eltsine fut corrompu par ses hommes de l'ombre.

Ce lien permanent entre l'histoire et l'actualité nous permet de découvrir les dessous de l'ascension de l'actuel président russe.

De Raspoutine à Poutine, les hommes de l'ombre nous incitent au voyage dans l'espace qui nous sépare des palais de Saint-Pétersbourg à ceux du Kremlin d'aujourd'hui, tout en nous faisant méditer sur les méthodes de manipulation qui nous rattrapent tous les jours.

Les provocateurs

En 1894, Nicolas II succédait à son père le tsar Alexandre III, mort prématurément. Âgé de vingt-quatre ans, le nouvel empereur dut assumer un pouvoir autocratique contesté, dans un pays en pleine mutation. Deux mondes s'affrontaient, celui de l'autocratie des palais étincelants de Saint-Pétersbourg, et celui de la rue dominée par des révolutionnaires qui voulaient en finir avec le système tsariste.

Les grèves s'étendaient dans tout le pays. À partir de 1898 les manifestations d'étudiants se multiplièrent au point de devenir quasi permanentes. Des révoltes paysannes sporadiques entretenaient la tension dans les campagnes et le mouvement ouvrier se développait dans les villes offrant un terrain propice à l'action des deux principaux partis d'opposition : les socialistes-révolutionnaires et les sociaux-démocrates.

Placée en première ligne, l'Okhrana, la police tsariste, chercha à infiltrer ces deux organisations en essayant de placer ses agents à leur tête.

Ce que la gendarmerie appelait « la gymnastique policière de provocation » était fondé sur un vaste réseau de collaborateurs secrets bien rémunérés : « les hommes de l'ombre ». Ainsi ce terme apparut-il dans le langage politique russe.

Les agissements de ces provocateurs, recrutés dans les mouvements d'opposition, étaient supervisés par les officiers traitants qui se montraient souvent indulgents face à « quelques dérives malheureuses » (même si celles-ci pouvaient provoquer des victimes...). En d'autres termes, le ministère de l'Intérieur n'hésitait pas à fermer les yeux sur leurs crimes, notamment lors des actions terroristes, pourvu qu'ils continuent leur besogne de mouchard. (L'Organisation de combat du parti socialiste révolutionnaire dirigée par l'agent de la police Azev, par exemple, prépara plus de quatre-vingts attentats entre 1893 et 1908.)

Certes, il ne s'agissait pas de recruter le premier venu. Les instructions recommandaient aux services de ne négliger aucune occasion d'embaucher des militants de confiance « connus et estimés de leurs camarades mais d'un caractère faible, déçus par leur parti ou miséreux, ou encore, désignés pour la déportation ». Ceux qui acceptaient de fournir des renseignements ne devaient ni renoncer à leurs convictions, ni à leur façon de vivre.

Cela reflétait une stratégie à long terme d'utilisation de la manipulation dans un but politique. Elle fut élaborée par les hauts dignitaires de la police et par son chef emblématique Segueï Zoubatov qui se plaisait à répéter aux jeunes officiers de gendarmerie : « Messieurs, vous devez considérer l'informateur politique comme une maîtresse que vous voyez en secret. Un faux pas, une imprudence, et vous la déshonorez. »

Ce géant aux yeux de braise et aux gestes désinvoltes était un homme à part, intéressé dans sa jeunesse par les théories révolutionnaires. Riche de cette expérience, il proposa de remédier aux problèmes posés par le mouvement révolutionnaire, à la fois par des moyens policiers, et par des actions politiques. Sa grande idée était de rallier les ouvriers à l'autocratie, en infiltrant les syndicats et d'autres nouvelles structures cherchant à défendre « les intérêts économiques des travailleurs contre les capitalistes ». Autrement dit, la police entreprit la tentative audacieuse de court-circuiter à la fois le conservatisme de la noblesse et le radicalisme du mouvement révolutionnaire animé par l'esprit de lutte des classes.

Homme d'action par excellence, Zoubatov avait une réelle influence sur la société russe. Une partie de la sociale-démocratie, notamment son leader historique Gueorgui Plekhanov, fut conquis par la personnalité de ce policier original animé par des idées d'une transformation sociale idyllique.

Mais ses activités incessantes finirent par irriter l'entourage du tsar Nicolas II. Le grand-duc Serge, gouverneur de Moscou, demanda même le limogeage de Zoubatov. Il reçut la réponse suivante :

« Ce ne sera pas le grand-duc Serge qui fera la police à Moscou, mais les policiers expérimentés et capables. Ou bien alors, c'est que la Russie et son empereur ne voudront pas être protégés. »

Forte de l'approbation impériale, la police tenta d'élargir le champ de ses actions. Cherchant à détourner les masses de tout conflit d'ordre social avec le gouvernement, elle engagea à prix d'or des informateurs.

Le génie de la provocation politique

Le plus éminent de ces provocateurs fut recruté par la police tsariste au début de printemps 1893.

À cette saison, Saint-Pétersbourg dégage souvent un charme particulier. Ce mélange de soleil déjà chaud et de fraîcheur maritime encore hivernale avait revigoré les âmes et rendu les esprits légers. Quelques nuages immobiles et poudreux se découpaient au-dessus de la mer Baltique.

À l'entrée de l'avenue principale de la capitale de l'empire, la perspective Nevski, les passantes paraissaient belles et élégantes. Mais, juste à côté, rue Fontanka, les fonctionnaires du ministère de l'Intérieur ne semblaient pas touchés par la grâce de cette journée, tant ils étaient excités comme des chiens flairant leur première proie à l'ouverture de la chasse.

En effet, une missive énigmatique leur laissant présager un gibier alléchant venait de leur parvenir. Un mystérieux expéditeur assurant posséder toutes les entrées dans les réseaux révolutionnaires les plus clandestins du pays, proposait de devenir correspondant honorable des services secrets du tsar.

La lettre provenait de Karlsruhe, en Allemagne. Or la police savait que cette ville universitaire était un centre d'agitation antimonarchique. La section d'identité du ministère fut alors immédiatement chargée de trouver le nom du personnage qui se cachait derrière un pseudonyme. La lettre contenant des indications précises sur ses origines, la tâche ne fut pas difficile.

Trois personnes correspondaient au portrait esquissé. En comparant leurs écritures, on découvrit le nom de l'homme qui allait devenir un des plus grands agents doubles du XXe siècle : Eugène Philippovitch Azev *dit* Evno Azev. Né en 1869, originaire de Rostov sur le Don, il terminait ses études d'ingénieur à l'étranger.

La police secrète du tsar avait établi une fiche le décrivant : « Signalement : taille petite ; corpulence un peu au-dessus de la moyenne, nez busqué, yeux grands, couleur marron ; menton rond et ras, chevelure châtain foncé.

« Renseignement : fils d'un tailleur, a terminé ses études secondaires, fréquente les milieux extrémistes où il se fait remarquer par la violence de son langage. Aurait dû être arrêté en février 1892, lors de la liquidation du cercle révolutionnaire fondé par les étudiants de Rostov, mais réussit à passer à l'étranger. Se rendit à Genève où il fit la connaissance du docteur Jitlovski et de sa femme, fondateurs de l'Union des socialistes-révolutionnaires russes à l'étranger, adhéra à leur groupement et vint s'inscrire à l'université de Karlsruhe, section électrotechnique. Continue à militer et à se tenir en contact avec les Jitlovski. »

Azev n'était pas un vulgaire mouchard, et le ministère de l'Intérieur comprit tout de suite l'importance de cette offre, si bien que de hauts fonctionnaires partirent pour l'Allemagne afin de négocier un contrat avec lui.

Les termes du marché assurèrent à Azev le titre d'« informateur personnel du directeur de la police » et un confortable traitement mensuel de cinquante roubles avec une prime spéciale pour chaque information de valeur (ce traitement sera bientôt doublé, puis triplé). En échange, il s'engageait à collecter des renseignements sur les activités des socialistes-révolutionnaires, les imprimeries clandestines et les préparations d'attentats, à l'étranger comme en Russie.

Les policiers ne cherchèrent pas à comprendre les raisons psychologiques poussant cet homme à offrir ses services à l'Okhrana. Ils se contentèrent d'explications simples comme la nécessité de subvenir à ses besoins et surtout la peur de ne pas pouvoir continuer ses études et de décevoir sa famille. En réalité, ils ne soupçonnaient pas toute la complexité de cette personnalité qui avait, disait-elle, « le besoin de dépasser les bornes, le besoin de sentir son cœur défaillir au bord du précipice et de s'y pencher jusqu'à demi-corps, de jeter d'un coup d'œil au fond ». Appartenant à un milieu modeste, il était prêt à tout pour prendre sa revanche sociale. Mais ses ambitions ne connaissaient pas de limites : il prétendait être capable d'« influencer le cours général de l'Histoire européenne » en entrant dans les coulisses du pouvoir suprême.

Cette nouvelle recrue de la police tsariste allait donc jouer un jeu complexe, pensant pouvoir berner le monde entier.

Bientôt, avec l'aval du ministre de l'Intérieur Plehve, Azev allait prendre la tête du réseau terroriste le plus redoutable de tout l'empire, l'Organisation de combat du Parti socialiste-révolutionnaire (SR).

Ce mouvement peut être comparé, à quelques nuances près, à l'anarchisme européen. En utilisant les méthodes terroristes, les SR comptaient sur l'éveil de la conscience paysanne. Profondément sensibles aux problèmes russes, ils nourrissaient une méfiance à l'égard de l'industrialisation qui engendra le capitalisme.

En devenant un des principaux dirigeants de ce mouvement, Azev, sans une hésitation ni aucun scrupule, entama sa longue marche sur les sables mouvants de la manipulation politique.

Pour faire monter dans la hiérarchie son organisation révolutionnaire, il n'hésita pas à entraîner ses camarades dans une spirale d'actions de plus en plus sanglantes.

Impassible et froid, Azev sélectionnait lui-même les candidats aux actions terroristes. « Je choisis les meilleurs, disait-il, les mystiques ont leur force, mais ce ne sont pas des organisateurs. Je respecte ceux qui recherchent le martyre, mais ils ne durent pas longtemps. »

En quinze ans et demi — du printemps 1893 à l'automne de 1908 — ce provocateur put inscrire à son palmarès les attentats contre les plus grands dignitaires de l'empire, gouverneurs, grands-ducs, ministres. Sous sa direction l'Organisation de combat exécuta deux ministres de l'Intérieur particulièrement réactionnaires : Sipiaguine en 1902, Plehve en 1904 (tombé sous l'effet d'une bombe lancée sur sa voiture par Igor Sazonov, formé par Azev) et, au début de 1905, le grand-duc Serge, commandant la région militaire de Moscou, cousin issu de germain et beau-frère de Nicolas II. En même temps, Azev prévenait des attentats préparés contre le tsar (le monarque lui semblait « plus sympathique »).

En informant la police, il assenait aussi de solides coups de boutoir au plus puissant parti d'opposition, les socialistes-révolutionnaires (suite à ses dénonciations, plusieurs centaines de ses militants furent envoyés au bagne). Et en continuant à commettre des attentats, le provocateur sapait les bases de l'autocratie russe, dont la brutalité « le dégoûtait », disait-il.

Ce double jeu eut des conséquences paradoxales. Les efforts de l'Okhrana, tout comme les activités des partis révolutionnaires aboutirent à un résultat identique : la disparition progressive des éléments les plus éclairés de l'autocratie. Et Azev en était conscient...

Cette attitude ne reflète-t-elle pas un phénomène remarqué à l'époque par Freud ? À l'occasion de l'analyse du plus célèbre de ses patients (Pankeev, originaire du sud de la Russie surnommé l'Homme aux loups), le fondateur de la psychanalyse parvint à mettre en évidence l'ambiguïté passionnelle de son caractère. Il affirma qu'à l'instar des héros de Dostoïevski, les Russes sont facilement ambivalents. Cette opposition des sentiments, selon lui, subsiste plus profondément dans l'âme russe « qui, tour à tour pèche, expie et se donne de grand objectifs éthiques », que dans celle de tout autre peuple. Azev essaya d'ailleurs lui-même de trouver une sorte d'autojustification dans les écrits de Freud.

Le pope révolutionnaire

Les informateurs de la police étaient nombreux à l'Union ouvrière de Moscou, principal syndicat du pays. Aussi plaça-t-elle à la tête de cette organisation un jeune pope nommé Gapone. Laissons à Léon Trotski le soin de le décrire : « Dans l'auréole de son courroux pastoral, la malédiction aux lèvres, il nous apparaissait comme une figure de style presque biblique. On eût dit que les puissantes passions révolutionnaires s'étaient réveillées dans la poitrine du jeune prêtre. »

Les activités de Gapone avaient attiré l'attention de l'Okhrana en 1904 à Saint-Pétersbourg où le jeune ecclésiastique commençait à fréquenter le milieu ouvrier, en exerçant son sacerdoce d'une manière intermittente. Ses habits de pope cachaient mal une joie de vivre propre aux années insouciantes de la prime jeunesse. Voix claire et chaude, gestes brusques mais précis, cet ancien séminariste devint très vite une sorte de tribun du peuple, coqueluche de la capitale impériale. L'intelligentsia libérale en raffolait mais pour la police secrète il était encore un individu suspect. Peu à peu, plusieurs fiches signalétiques ainsi que des rapports des agents fileurs furent établis à propos de ses activités. Il fut alors considéré par l'Okhrana comme informateur bénévole, avant de devenir, en octobre 1905, collaborateur secret en titre, cette fois-ci bien rémunéré.

Le 9 janvier 1905, à l'instigation du pope Gapone, les ouvriers de Saint-Pétersbourg se dirigèrent en cortège vers le palais d'Hiver, pour demander au tsar de satisfaire leurs revendications : augmentation de salaire, journée de travail de huit heures.

Cette manifestation reflétait toute l'ambiguïté de la démarche policière puisqu'elle était organisée par l'Okhrana, qui cherchait à contrôler ce mouvement. Mais les adversaires au sein de l'autocratie de ces méthodes sophistiquées réagirent durement et l'armée tira sur le peuple. (Selon les données officielles on dénombra 96 morts et 333 blessés. Les sources révolutionnaires, elles, parlèrent de centaines de morts.)

Au mois de février 1905, Azev organisa une nouvelle vague d'attentats. Les durs du régime les utilisèrent alors comme prétexte pour éliminer les éléments réformateurs au sein du pouvoir, en imposant ce slogan : « Ne ménagez pas les cartouches ! »

Le pope Gapone, dès lors considéré comme le symbole du courage révolutionnaire, passa clandestinement la frontière et s'enfuit à l'étranger. Le vent en poupe, il parcourut l'Europe en dispensant des entretiens bien rétribués. Tantôt chez Maxim's à Paris, tantôt dans les grands hôtels à Monte-Carlo, il était à l'apogée de sa gloire.

Mais des bruits évoquant sa collaboration avec l'Okhrana se répandirent bientôt à Moscou. Ses anciens camarades en vinrent à proférer que, « pour sa renommée dans l'Histoire, il eût mieux valu que ce pope disparût mystérieusement comme il était venu ».

L'échec de la révolution de 1905 provoqua en lui une étrange transformation. Oubliant la Bible, il s'était plongé dans la lecture de *Crime et châtiment* de Dostoïevski. Gapone était désormais prêt à toutes les trahisons, d'autant plus que les révolutionnaires avaient acquis la certitude qu'il travaillait pour la police. Mais, autre paradoxe de ce monde des ténèbres, l'Organisation de combat des socialistes-révolutionnaires, elle-même infiltrée par le plus éminent des agents tsaristes, proposa de le supprimer. Le plan de cet assassinat allait être, en effet, minutieusement préparé par Azev en personne.

Le 28 mars 1906, dans une charmante villa de Finlande le « pope révolutionnaire » fut capturé par un commando de sept ouvriers tirés au sort parmi les manifestants du 9 janvier, qui lui passèrent une corde au cou. Avant d'être pendu à un portemanteau, Gapone cria vainement : « Frères, épargnez-moi au nom de mon passé. »

La fin du provocateur

En cette année 1906, la vie d'Azev faillit basculer. Son nouvel officier traitant, un certain Guerassimov, colonel puis général chevronné de la police secrète qui contrôlait étroitement ses activités, lui reprocha de n'avoir pas su prévenir de nombreux attentats. Manœuvrant habilement, Azev promit de démontrer toute son efficacité. Ainsi, au printemps 1907, livra-t-il à la police le plan d'une audacieuse opération de l'Organisation de combat se proposant d'assassiner pratiquement tous les hauts dignitaires du régime, le tsar Nicolas II en tête. À la suite de ces révélations, l'influence d'Azev prit une telle envergure que le Premier ministre Stolypine le consulta quant à la formation de son cabinet (comme en témoigna la commission d'enquête du gouvernement provisoire).

Brillant administrateur, ancien gouverneur de Saratov, ministre de l'Intérieur, puis Premier ministre, Stolypine était mal aimé de ses contemporains. La gauche le haïssait, le considérant comme l'homme de la terreur massive, la droite le soupçonnait d'ouvrir la voie des réformes visant à saper les bases mêmes de l'empire. Aujourd'hui, Stolypine est considéré comme l'homme d'État russe le plus remarquable du XXe siècle qui, par ses réformes, aurait rendu la révolution inutile et ainsi prévenu une catastrophe nationale.

En devenant une sorte de conseiller officieux du Premier ministre, Azev semblait réaliser son ambition d'entrer dans les coulisses du pouvoir suprême. Mais un attentat manqué contre Nicolas II allait bientôt rendre suspicieux ses camarades de l'Organisation de combat.

L'action devait avoir lieu à Saint-Pétersbourg, lors de l'inauguration par le tsar d'un croiseur russe, alors en construction à Glasgow. C'est ainsi que le 28 juillet 1907, Azev rencontra dans cette ville deux matelots censés participer à l'attentat projeté. Cette fois, le provocateur se heurta à deux écueils inattendus : l'un des marins, fervent croyant, affirma que Dieu arrêterait certainement sa main ; l'autre, mondain, déclara que le prestige du tsar et les fastes de son protocole risquaient de le « déconcerter ».

En même temps une information inquiétante commençait à circuler au sein de l'Organisation de combat du Parti socialiste révolutionnaire : plusieurs militants de la région de Saratov certifièrent qu'un certain nombre d'arrestations avaient été provoquées sur la dénonciation d'un collaborateur secret du département de la police nommé Philippovski. Or son signalement correspondait exactement à celui d'Azev...

C'est alors que le journaliste Bourtzev, surnommé le « Sherlok Holmes de la révolution » et spécialisé dans les enquêtes concernant les mouchards de l'Okhrana, entra en scène en ayant l'idée de demander à la police le véritable nom du mystérieux agent infiltré au sommet de l'Organisation de combat. Pour ce faire, il choisit soigneusement son interlocuteur : « Cela doit être un homme honnête, écrivit-il dans son journal, un des principaux dirigeant de l'Okhrana, blessé par la duplicité de son agent. » Ce profil correspondait parfaitement au portrait d'Alexeï Lopoukhine, ancien directeur de la police, aristocrate russe descendant de la première femme de Pierre Le Grand.

C'est ainsi qu'un jour, l'express Cologne-Berlin fit un arrêt impromptu sur une voie latérale. Une sonnerie retentit, délicate et interminable, dans la modeste gare couverte de rosiers en fleurs. D'un pas rapide, Lopoukhine foula le tapis du wagon et entra dans le compartiment où Bourtzev l'attendait. D'un geste vif ce dernier alluma sa cigarette et d'emblée développa point par point les preuves irréfutables de la duplicité d'Azev. Il évoqua les préparatifs des attentats contre les hauts dignitaires du régime et démontra que l'agent double était impliqué personnellement, non seulement dans les plans généraux des assassinats, mais également dans les recrutements des tueurs à gages. Lopoukhine était effondré : « Raskine, lâcha-il, *alias* Philippovski, c'est donc Azev... »

Les répercutions de cet aveu furent immédiates.

Un communiqué du parti socialiste-révolutionnaire dénonça : « L'ingénieur Eugène Philippovitch Azev, trente-huit ans, dit " le gros ", " Ivan Nicolaïevitch " ou " Tolsty " ou " Valentin Kouzmitch ", convaincu de collusion avec la police politique russe, agent provocateur extrêmement dangereux. » (Ces noms d'emprunts n'étaient évidemment pas les mêmes que ceux utilisés à l'Okhrana.)

Azev montra un extraordinaire sang-froid face à cette inculpation et donna sa version des faits à ses supérieurs de l'Okhrana en présentant Lopoukhine comme un mesquin rancunier cherchant à se venger de son échec personnel.

Dans ce contexte, la police du tsar préféra organiser le passage de son agent à l'étranger. Le Premier ministre Stolypine dut même couvrir cette fuite.

Lopoukhine allait porter le chapeau de ce scandale. Traîné devant le tribunal spécial du Sénat, il fut accusé de nuisances graves durant son activité de chef de la police et condamné à la privation de ses droits ainsi qu'à cinq ans de travaux forcés. Pour le grand public, on affirma qu'il avait appartenu au parti socialiste-révolutionnaire (Lopoukhine fut gracié par le tsar, six mois plus tard).

À l'étranger (d'abord en Allemagne puis en France), Azev faillit être exécuté : d'abord quand il eut l'audace de rencontrer son accusateur Bourtzev dans un café de Francfort, et plus tard lors d'un rendez-vous à Paris avec Savinkov, son adjoint à la tête de l'Organisation de combat et futur ministre de la Guerre du gouvernement provisoire.

En vrai joueur, le provocateur évoqua d'un ton pathétique sa participation active à de nombreux attentats, exigeant qu'on pèse le pour et le contre de ses activités : ce qu'il avait fait pour la révolution et ce qu'il avait fait pour la détruire. Et même Savinkov, tueur sans scrupule, ne parvint pas à trancher ...

La vie d'Azev allait désormais être un périple incessant à travers les capitales et les stations balnéaires les plus prestigieuses. Souvent à Paris, par goût, parfois à Berlin, par obligation, tantôt à Biarritz, tantôt à Monte-Carlo, toujours accompagné de sa corpulente maîtresse, il ne manqua jamais d'argent. Les largesses de la police du tsar et son génie commercial lui permirent de vivre confortablement dans un luxueux appartement de Wilmersdorf, quartier bourgeois de Berlin, sous un nom d'emprunt — encore un — Alexandre Neumayer. Il ouvrit un office d'agents de change et bénéficia même d'une excellence réputation à la Bourse de New York. Il mourut dans son lit en 1916.

Dans ses *Mémoires* publiés en Allemagne dans les années vingt, son officier traitant le général Guerassimov conserva toute son estime pour ce vrai faux chef de la terreur :

« J'étais chaque fois frappé par la richesse de sa mémoire, sa compréhension des mobiles poussant à agir les gens de tous les milieux, et d'une façon générale par son habileté à s'orienter rapidement dans les situations les plus compliquées... Il me dit souvent que le plus grand des maux dont souffrait la Russie était l'absence d'une classe de paysans propriétaires. J'étais toujours étonné qu'il eût réussi, avec ses idées personnelles, à pénétrer dans les rangs des révolutionnaires, et à se tailler parmi eux une des places les plus en vue.

« C'est là une énigme que je n'ai jamais réussi à déchiffrer. »

Grâce aux informations fournies par Azev, l'Okhrana semblait être parvenue à briser la colonne vertébrale du principal parti d'opposition, les socialistes-révolutionnaires, engendrant une crise majeure au sein du mouvement suivie d'une vague de suicides de ses leaders. D'aucuns se réfugièrent en Europe, en premier lieu à Paris, cherchant le salut dans les eaux troubles du mysticisme et la pratique ésotérique.

Comment l'Okhrana inventa les *Protocoles des sages de Sion*

Paris devint alors la priorité absolue de l'action de la police tsariste. C'est de là, au début du siècle, qu'une grande figure de l'Okhrana, Pierre Ratchkovski, dirigeait les services secrets russes à l'étranger.

Cet homme élégant, mondain, amateur de bonne chère y avait toutes ses entrées. Bigame, il avait deux femmes : une Russe à Saint-Pétersbourg, une autre, Française, à Paris. (Compte tenu des services qu'il avait rendus à la couronne, le tsar Nicolas II accepta plus tard de reconnaître ses enfants nés à Paris. Les descendants de Pierre Ratchkovski habitent toujours dans une banlieue parisienne, gardant précieusement les souvenirs de leur illustre aïeul.)

Il se promenait souvent seul dans les quartiers de l'immigration russe, surtout à Montparnasse. Les sommeliers des restaurants à la mode appréciaient ce fin connaisseur des crus de Bordeaux.

La table de son luxueux appartement de la rue de Grenelle était renommée, grâce à un savant mélange de cuisine française et de cuisine russe. Les fameux zakouski à la Ratchkovski qu'il faisait déposer sur des guéridons du XVIIIe siècle où abondaient caviar, truffes, filets de hareng marinés, anchois, olives, tranches de saucisson ou encore bœuf fumé dit d'Oural, étaient connus du Tout-Paris.

Collectionneur hors pair, ce maître de l'espionnage aimait faire découvrir ses richesses à ses hôtes. On eût dit qu'il collectionnait tout, les manuscrits du marquis de Sade, les montres Bréguet, les impressionnistes, les cannes aux pommeaux précieux incrustés de pierreries (qu'il utilisait surtout pendant ses promenades à l'hippodrome de Deauville les jours de grands prix). Pourtant, sa véritable passion n'était ni les chevaux, ni même les femmes qui appréciaient son charme slave. C'était ses agents.

En feuilletant les archives de l'Okhrana sur cette période on a l'impression d'une autopsie de la société française tant les noms y sont nombreux : honorables propriétaires de boutiques à la mode, journalistes, concierges, garçons de café, prostituées : c'est à croire que tout Paris collaborait avec la police du tsar. Parfois certains de ces agents indiquaient les allées et venues d'un jeune barbu aux cheveux désordonnés, « un certain Léon Trotski », ou les promenades à bicyclette de Lénine et de sa maîtresse française Inès Armand.

Le résident des services secrets utilisait surtout ces agents pour monter des opérations actives.

En 1890, par exemple, un certain Heckelmann, originaire d'Alsace, lié à un petit groupe terroriste, fut recruté par l'Okhrana. L'année suivante il s'installait à Paris, fournissant aux services secrets russes toutes sortes d'informations au sujet des immigrés, participant volontiers aux diverses manipulations montées par Ratchkovski. Heckelmann, devenu Landesen, infiltra un groupe anarchiste et put participer à des essais d'engins explosifs effectués dans le bois de Clamart. Le résident des services secrets russes en informa alors le gouvernement français prouvant ainsi que la police russe était utile.

Ratchkovski fut également l'instigateur d'une des grandes manipulations du XXe siècle : les *Protocoles des sages de Sion*.

À l'époque il cherchait par tous les moyens à améliorer l'image de la Russie de plus en plus critiquée à l'étranger à cause de sa politique discriminatoire envers les Juifs. L'historien russe contemporain Mikhaïl Lepekhine de l'Institut des recherches de l'académie de Russie, a prouvé, grâce à une analyse sémantique, que Ratchkovski avait chargé un de ses amis, ancien collaborateur de la censure du tsar, un certain Matthieu Golovinski [1] d'écrire ces *Protocoles* en copiant certains passages d'un pamphlet rédigé contre Napoléon III par l'avocat français Maurice Joly, montrant comment l'empereur français avait verrouillé les rouages de l'État français. Dans le texte des *Protocoles* ce rôle était attribué aux Juifs infiltrant des structures étatiques et économiques « pour assurer la domination sur la planète ».

Une aristocrate polonaise, Catherine Radziwill, ancienne maîtresse de Golovinski, affirma au cours d'interviews données à la presse américaine pendant les années vingt qu'elle avait formellement reconnu les passages que son ex-amant lui avait lus en 1900.

1. Après le coup d'État de 1917, Golovinski retourna sa veste et devint partisan des bolcheviks.

La première traduction russe de ce faux était datée de novembre 1901. Le texte intégral des *Protocoles* fut ensuite présenté en annexe de l'ouvrage d'un mystique orthodoxe russe Serge Nilus, comme le compte rendu, rédigé à l'origine en français, d'une conférence internationale du congrès sioniste cherchant à élaborer un plan en vue d'assurer la domination juive dans le monde.

La même année le gouvernement russe chargeait... l'Okhrana d'analyser le texte.

Le ministère russe de l'Intérieur informa le gouvernement « de l'existence d'un centre politique élaborant la ligne de conduite pour les Juifs ». Comme en témoigne dans ses *Mémoires* le Premier ministre Witt, il fut réticent face à cette version mais, par la suite, prenant en compte « le sentiment général » dans l'entourage du tsar il décida de ne pas s'opposer aux avis des policiers authentifiant les *Protocoles*.

La boucle était bouclée. La manipulation montée par le résident de l'Okhrana à Paris aura une longue vie. Après la Première Guerre mondiale Hitler et ses complices firent des *Protocoles* le livre emblématique de l'antisémitisme. Interdit dans la majorité des pays de l'Europe il est toujours édité en Russie et dans les pays arabes.

Au début des années dix les agissements de l'Okhrana à Paris commencèrent à alarmer l'opinion publique française. Révélant l'étendue des réseaux d'espionnage russe à Paris, Georges Clemenceau s'exclama à la Chambre des députés : « La police secrète russe n'a rien à faire à Paris. » Jean Jaurès fustigea aussi ces pratiques.

Malgré cette campagne, les services étrangers de la police russe agissaient assez efficacement : grâce à ses informations fournies à partir de Paris en une seule année (du 1er janvier au 31 décembre 1907), 6 500 personnes furent arrêtées en Russie et plus de 1 800 condamnées (dont 66 à la peine de mort). On confisqua 45 imprimeries clandestines, 14 laboratoires d'explosifs sur le territoire de l'Empire russe.

Raspoutineries : faut-il réhabiliter Raspoutine ?

Depuis 1905, la police du tsar était également chargée par le gouvernement d'accomplir la délicate mission de suivre Grigori Raspoutine, un homme énigmatique proche du couple impérial.

Raspoutine représente un autre profil des hommes de l'ombre, celui des éminences grises des tsars qui jouèrent un rôle déterminant, sans appartenir à la police secrète. Les Russes inventèrent d'ailleurs un terme pour exprimer cette influence : *raspoutinchina*, la raspoutinerie.

Des centaines de biographies de ce personnage mythique du XXe siècle ont été publiées, aussi évoquerai-je seulement les manipulations historiques dont il fut l'objet depuis son arrivée à Saint-Pétersbourg.

Il était né en 1872 à Pokrovskoïé, grosse bourgade perdue dans la taïga au milieu des plaines et des forêts sibériennes. Quelques dizaines de maisons construites avec des troncs d'arbres, selon l'ancestrale tradition russe, y entouraient une église de bois semblable à toutes celles dont les coupoles surplombent ce rude pays depuis des siècles. La neige s'y accumulait au fil des mois. C'est dans ce décor rappelant l'atmosphère des aventures de Michel Strogoff que ce fils de paysans passa toute sa jeunesse.

Dans cette région, les hommes étaient robustes et les femmes belles et directes. Fidèles à la tradition, elles aimaient se retrouver avec leurs hommes dans les bains où la vapeur laisse à peine deviner les contours de leur corps. C'est dans l'un de ces bains que Grigori, dans l'innocence de ses treize ans, caressa presque par hasard la splendeur épanouie de la croupe de Maria, une jeune veuve qui lui fit découvrir les secrets de l'amour charnel.

Les agents de l'Okhrana apprirent que, dès son jeune âge, Grigori Raspoutine avait été remarqué pour son exceptionnelle puissance physique et son endurance ; qualités qui lui valurent de survivre aux poursuites et aux coups des paysans furieux à qui il avait volé des chevaux. Cette vie de voleur de chevaux, de coureur de jupons et de grand buveur, aurait pu durer longtemps si le père de Grigori, souffrant, ne lui avait demandé de faire pour lui un pèlerinage au monastère de Tobolsk, à plus de cent kilomètres de sa bourgade natale.

Quand il revint de son périple, le jeune homme n'était plus le même. « Mon âme a changé », confiera-t-il plus tard. Un habitant de son village racontait à qui voulait l'entendre : « Je l'ai vu dans l'église osciller de la tête comme une bête traquée. J'ai cru qu'il était devenu fou. »

En effet, Grigori avait soudain renoncé à sa vie désordonnée. Il commença à jeûner et installa dans sa maison un petit oratoire pour prier avec ses parents et amis. Au cours de ces réunions chacun s'appelait frère ou sœur. Les mots utilisés par Raspoutine pour exprimer sa foi étaient simples, à la portée de tous (il devait plus tard écrire de nombreuses prières témoignant d'un certain talent littéraire).

Par la suite, il se rendit dans plusieurs des lieux saints de la Russie et alla jusqu'au mont Athos en 1896. Sa renommée naissante sortit renforcée par ce pèlerinage prestigieux entre tous du monde orthodoxe.

Les années passèrent et, en 1903, Grigori partit pour Kazan où se trouvait une académie de théologie réputée. L'évêque Andreï, prince Ouktomski, fut enthousiasmé par le jeune homme. C'est par l'intermédiaire des théologiens de cette institution que les premières rumeurs concernant l'exceptionnelle personnalité de Grigori commencèrent à se répandre.

Raspoutine décida alors de quitter définitivement sa Sibérie natale et de s'établir à Saint-Pétersbourg. Une fois dans la capitale, il s'installa dans un modeste appartement avec sa femme et ses trois enfants et mena une existence discrète, entouré d'ecclésiastiques de haut rang qui reconnaissaient ses dons exceptionnels de magnétiseur. Grâce au soutien financier que ces derniers lui accordèrent, il put vivre décemment.

Les témoignages de la police tsariste furent unanimes à affirmer que son pouvoir agissait dès qu'on était en contact direct avec lui. Son regard subjuguait comme il effrayait tous ses contemporains. C'était un regard insaisissable, agité, qui vous transperçait comme une lame. Maurice Paléologue, l'ambassadeur de France (qui le fréquenta sans l'apprécier), en témoigna : « C'était un regard à la fois pénétrant et rassurant, naïf et malin, fixe et lointain. Mais lorsque son discours s'enhardissait, un magnétisme incontestable s'échappait de ses pupilles. »

La magie de certains lieux peut parfois présider au destin de l'homme. Pour Raspoutine elle opéra à Znamenka, la luxueuse datcha du grand-duc Piotr, oncle du tsar, et de son épouse la grande-duchesse Militsa, non loin de Saint-Pétersbourg, où le tsar venait prendre le thé quand il en avait le loisir. Ainsi, durant les années 1905-1906 y rencontra-t-il fréquemment le couple impérial.

À l'époque, Nicolas II et son épouse Alexandra étaient encore sous le coup de la disparition d'un autre guérisseur nommé Monsieur Philippe. Les Romanov l'avaient connu lors de leur visite au château de Compiègne, le 20 décembre 1901. Les autorités françaises n'avaient pas caché, alors, leur inquiétude en voyant la famille impériale nouer des relations avec ce guérisseur lyonnais, mettant en garde le tsar contre celui qu'elles considéraient comme un charlatan. Nicolas, qui n'en avait cure, avait reçu Monsieur Philippe au palais.

Aussi, l'arrivée à Saint-Pétersbourg d'un nouveau guérisseur ne pouvait-elle que susciter l'intérêt du couple impérial.

Raspoutine fut bientôt présenté à la tsarine. Il avait un sens inné du décor et de la mise en scène ; sa première entrevue avec l'impératrice fut marquée par ce génie du théâtre où chaque geste était calculé, chaque pas compté.

Les douze coups de minuit sonnèrent à l'horloge du palais. Saint-Pétersbourg enneigé était calme sous la lueur pâle de la lune. De l'antichambre, on entendait Beethoven s'emballer sous les doigts nerveux de la tsarine. Un nuage passa, éteignant la nuit. Quittant son piano des yeux, Alexandra tressaillit en voyant apparaître dans l'embrasure de la porte une tête hirsute. Avait-elle vu une ombre, un fantôme ?

Fascinée et effrayée par le regard bleu de l'apparition, elle se mit à trembler. Raspoutine s'approcha d'elle et, psalmodiant quelques saintes paroles, la serra dans ses bras puissants. L'impératrice fut alors « saisie par une grande paix », comme devait le rapporter son amie Ania Viroubova.

Dès le début de leurs relations, Raspoutine annonça sans ambages à cette femme en proie à l'angoisse : « Toi, ton mari et tes enfants, vivrez tant que je vivrai. Quand je partirai, vous me suivrez de peu. » Cette phrase qui avait toute l'allure d'une prophétie lui assura, n'en doutons pas, un ascendant immédiat sur cette tsarine mystique qui se rendait régulièrement dans les monastères où elle aimait passer de longs moments en compagnie des moines.

À partir de 1908, les Romanov commencèrent à recevoir régulièrement Raspoutine au palais. Le protocole de leurs rencontres peut paraître quelque peu cavalier, il tutoyait le tsar et son épouse et les appelait « papa » et « maman ». Nicolas lui baisait la main et Grigori lui rendait son baiser.

Il avait su se rendre indispensable en restant disponible en permanence, sans demander quoi que ce soit ; ses talents de guérisseur allaient faire le reste. Mais sa présence, comme celle de tout nouveau favori dans l'entourage du couple, suscita des jalousies. Son aspect physique, son comportement ne pouvaient que renforcer les préventions de la haute aristocratie à son égard.

Tout était exubérant chez cet homme. Ses hautes bottes toujours rutilantes, ses pantalons bouffants trop larges d'où sortait une chemise brodée à col montant boutonnée sur le côté. Il portait une longue barbe noire qui se mêlait à une tignasse désordonnée encadrant un visage fort au large front. Son nez proéminent dominait une bouche sensuelle. Toute l'expression de son visage se concentrait dans ses yeux bleus, transparents comme une eau de source dans laquelle on entrait, comme attiré par une force étrange. Incarnait-il pour autant l'image typique du paysan russe ? Non, il représentait plutôt un reflet de l'idée que se faisait la haute société pétersbourgeoise de l'homme du peuple.

Raspoutine se conforma à l'image qu'on attendait de lui. Ce fut l'essentiel de son art : manipuler l'opinion publique. En réalité, il fut à la fois un homme de son temps et un enfant de son pays. Il était non seulement une manifestation vivante des traditions de la Russie profonde, mais aussi un produit de l'atmosphère décadente régnant à Saint-Pétersbourg. Son arrivée était en quelque sorte attendue par toute la société. Elle l'était surtout par la famille impériale.

La tsarine, princesse Hessen, Allemande embarquée sur l'océan russe, cherchait en effet autour d'elle des preuves d'authenticité. Depuis Pierre le Grand, les Romanov s'étaient alliés à des Allemandes et le sang russe qui coulait dans leurs veines était devenu rare, aussi Alexandra vit-elle dans ce moujik à la barbe crasseuse une image authentique du peuple. La naissance de son fils, atteint d'hémophilie, avait accentué sa fragilité face à un monde hostile et souvent agressif (la Cour comme le peuple ignorera toujours la maladie du petit Alexis). Au-delà de toute recherche métaphysique, la tsarine avait donc une bonne raison de s'attacher Raspoutine.

Les historiens officiels s'acharnèrent à démontrer que les dons de guérisseur de Raspoutine étaient fictifs, cependant les preuves de ses capacités furent nombreuses. La moindre égratignure pouvait être fatale au tsarévitch et seul Raspoutine « l'enchanteur » parvenait à faire cesser l'effusion de sang chez le petit garçon. Il lui arriva même de le soulager par téléphone. Un jour, la tsarine, affolée par des douleurs aiguës aux oreilles dont se plaignait son fils, téléphona à Raspoutine qui demanda à parler à l'enfant. À peine eut-il raccroché que le mal cessa.

S'appuyant sur les preuves apportées par l'archevêque Antoine Volinski, l'Okhrana affirma haut et fort que Raspoutine appartenait à la secte khlisti. Le tsar en fut donc informé par sa police qui lui transmit un volumineux rapport sur cette secte. Cela n'affecta cependant en rien la confiance qu'il accordait à son ami. Certes, Raspoutine avait eu vent des pratiques des khlistis qui consistaient pour l'essentiel à faire naître un délire érotique afin de mieux parvenir à l'extase religieuse. Les fidèles se rassemblaient en cercle dans une clairière illuminée par des dizaines de cierges pour chanter des psaumes et des invocations, puis ils se balançaient en rythme et se mettaient à tourner de plus en plus vite sur eux-mêmes atteignant ainsi le vertige nécessaire au passage du flux divin. Le maître des cérémonies n'hésitait pas à fouetter ceux qui ralentissaient la cadence et le cérémonial. Les séances s'achevaient sur des bacchanales censées rapprocher de l'esprit divin.

Il faut dire que, expert en relations publiques, Raspoutine savait lui-même entretenir sa légende. Pour souligner sa virilité, il se plaisait à raconter comment « l'esprit de Dieu était entré dans son âme » pendant une nuit passée avec trois femmes dénudées, rencontrées au bord d'un étang.

Grâce aux rapports de l'Okhrana, nous avons la possibilité de suivre Raspoutine, parfois minute par minute. La police du tsar joua auprès de lui un rôle ambigu dès qu'il apparut dans l'entourage impérial, assurant à la fois sa protection et surveillant ses moindres faits et gestes, conformément aux instructions du Premier ministre Stolypine.

Parmi les divagations alléguées à l'encontre de Raspoutine, celles concernant les secrets d'alcôve de la tsarine Alexandra furent plus graves. Maxime Gorki alla même jusqu'à affirmer que le tsarévitch était le fils de Raspoutine ! Aucune preuve de ces prétendus liens d'intimité avec l'impératrice n'a jamais pu être apportée. La personnalité de la tsarine, l'idylle qu'elle noua avec Nicolas dès leur première rencontre, les crises de jalousie qu'elle lui fit, bien qu'il se fût séparé définitivement de sa maîtresse la ballerine Ksechinskaïa, témoignent de la fidélité d'Alexandra.

Certes, ses détracteurs n'ont pas manqué d'utiliser une lettre dans laquelle elle exprime sans ambiguïté ses sentiments à Raspoutine : « Mon bien-aimé et maître inoubliable, sauveur et guide, combien je me languis de toi. Je suis toujours sereine quand tu es près de moi, ô mon maître. Je baise tes mains et je pose ma tête sur ton épaule robuste. Que de légèreté, que d'aisance à cet instant j'éprouve. Un seul désir alors me vient m'endormir, m'endormir pour l'Éternité au creux de tes bras. »

Cette lettre fut publiée dans le livre d'un certain Illiodor, un ecclésiastique qui fut quelque temps proche de Raspoutine avant de devenir son adversaire farouche. L'original de cette missive n'a jamais été retrouvé ; il s'agit donc de toute évidence d'une manipulation posthume.

Raspoutine, de son côté, se plaisait à laisser planer le doute sur les rapports qu'il entretenait avec la tsarine. Les agents de l'Okhrana ne se privaient d'ailleurs pas de rapporter ses frasques lorsqu'ils le poursuivaient jusque dans les restaurants les plus renommés.

D'ordinaire, il aimait dîner au vu et au su de tous, dans ces grandes salles aux colonnes et aux boiseries dorées dont les fenêtres étaient tendues de rideaux de soie bouillonnés, mais ce soir-là, il avait préféré souper dans un des cabinets particuliers fermés par de lourds rideaux de velours rouge. Des chanteurs tziganes avaient été convoqués pour l'occasion. Ses invités commandèrent caviar, vodka, langues d'élan et de renne, accompagnés d'anchois et de bœuf fumé, tandis que Raspoutine se contenta de millefeuilles, appelé « dessert Napoléon » en Russie, de pirojki fourrés de confiture et, bien sûr, de vin de Madère qu'il adorait. Tous ces éléments nous sont connus grâce au garçon qui rapporta les moindres détails de cette soirée à la police, racontant comment, sous les cris de Raspoutine, les Tziganes commencèrent une danse effrénée autour de lui ; comment il demanda à l'orchestre de jouer un air de Donizetti avant de prononcer cette phrase si insultante pour la tsarine : « Je fais tout ce que je veux d'elle, elle est obéissante ! » Par provocation, il aurait exhibé même son sexe.

Mais devant qui se donna-t-il ainsi en spectacle ? Ses invités étaient, ce soir-là, deux directeurs de journaux de la presse à scandale.

Le tempérament extravagant de Raspoutine se traduisait donc surtout lors de ses sorties en ville, qu'il mettait en scène avec une main de maître. Un de ses plus grands plaisirs était de traverser Moscou enneigée dans une troïka, accompagné de Tziganes ou de demi-mondaines. Il faisait boire du vin de Madère au cocher et l'injuriait pour qu'il force l'allure, au risque d'écraser les passants. Afin d'aller plus vite encore, Raspoutine fouettait lui-même les chevaux hors d'haleine et parfois même les piétons quand ils ne s'écartaient pas assez rapidement. Soudain, dans sa course folle, il ordonnait au cocher de s'arrêter devant le magasin Elisseïev au décor surchargé, où il achetait toute sorte de zakouskis : hors-d'œuvre, caviar pressé, filets de hareng, cochon de lait, saumon ou esturgeon fumés. Poursuivant sa course, il s'arrêtait ensuite devant un *traktir*, une de ces échoppes à mi-chemin entre le bistrot et le restaurant dans lesquelles on pouvait commander un bortsch, la fameuse soupe ukrainienne dont il atténuait toujours la couleur cramoisie par un nuage de crème fraîche. Autour de lui la vodka au citron ou aux piments aromatiques coulait à flots, dans des verres d'argent ou de cristal commandés par rangées entières.

Certes, la fièvre sexuelle de Raspoutine passa toute mesure. Il y avait surtout, dans le cercle de ses admiratrices, des demi-mondaines. Il ramassait aussi des prostituées dans la rue (chaque jour, dans la dernière période de sa vie). Cependant, à peine ces femmes s'étaient-elles données à lui, qu'il se mettait à les détester, les rendant responsables de son « égarement spirituel ». Mieux encore, il se serait contenté souvent de rapports platoniques, faisant déshabiller ses partenaires sans les toucher.

Joukovskaïa, une de ces femmes, rapporta ces paroles de Raspoutine : « Le péché nous est donné pour que nous puissions nous repentir, c'est la joie pour l'âme, la force pour le corps, tu comprends ? Sans péché il n'y a pas de vie, parce qu'il n'y a pas de repentir, il n'y a pas de joie. »

Pourtant, malgré toutes ses frasques, plus qu'un pécheur, beaucoup voyaient en ce moine un « fol en Christ », c'est-à-dire un de ces êtres qui depuis des siècles ont erré à travers les pays orthodoxes au mépris des conventions, négligeant les biens de ce monde. Ces êtres avaient accès au sens caché de la vie et étaient considérés comme la conscience personnifiée du peuple. Face à eux, même les plus grands de ce monde s'inclinaient.

Ce ne fut pas le cas du président de la Douma qui se permit, un jour, de se plaindre auprès du tsar des fâcheuses habitudes qu'avait Raspoutine de prendre des bains en compagnie de nombreuses admiratrices. Nicolas, imperturbable, rétorqua qu'il s'agissait là d'une tradition populaire... La police et le Premier ministre Stolypine tentèrent vainement de mettre en garde le tsar contre les nombreuses incartades de son protégé. D'autres, comme le ministre de l'Intérieur Djunkovski, payèrent de leur poste leurs interventions hostiles à Raspoutine.

Entre 1910 et 1914, l'influence de Grigori sur le couple impérial ne cessa de se renforcer, jusque dans la nomination des ministres les plus importants. Les historiens soviétiques voulurent accréditer la version selon laquelle Raspoutine tirait bénéfice de ses interventions. Rien n'atteste l'existence de « pots-de-vin », et ses comptes bancaires, pratiquement vides à sa mort, ainsi que sa famille laissée sans ressources sont la preuve qu'il ne s'est pas enrichi au contact du tsar. Bien sûr il se fit offrir des soirées dans les meilleurs restaurants par des industriels ; bien sûr Alexandra et la grande-duchesse Militsa lui concédèrent quelques dons, essentiellement pour payer ses frais de logement, mais rien de plus.

La tsarine, à l'instar de son époux, ne porta jamais crédit aux vilenies dont son « ami » fut accusé : « N'a-t-on pas toujours vilipendé cet homme ? s'insurgeait-elle. J'en veux pour preuves les bruits qui ont accompagné ses premiers pas dans le monde. » Elle faisait allusion aux rumeurs concernant les rapports de Raspoutine avec sa dame d'honneur et confidente, Ania Viroubova, fille du chef de la chancellerie impériale, musicien à ses heures. Cette dernière fut associée au mythe de Raspoutine dès le début. Les multiples biographes du « Saint Démon » la montrent comme un être avide de pouvoir et aux relations ambiguës. Au moment de la révolution, les tracts bolcheviks représentèrent la tsarine et Ania en compagnie de Tziganes nus, sur les genoux de Raspoutine, tous trois en tenue légère. Ces insinuations étaient en contradiction totale avec les constatations des médecins qui eurent, pendant cette période, à examiner la jeune femme selon la demande de la commission d'enquête sur les activités de Raspoutine, nommée par le gouvernement provisoire : à leur grande surprise, Ania était vierge.

En 1914, quand la guerre mondiale éclata, Raspoutine était a son zénith. Il vivait entre sa femme et ses trois enfants et soufflait à l'oreille de son tsar les noms des ministres à nommer ou des fonctionnaires condamnés à tomber en disgrâce. Les deux années suivantes virent ainsi défiler plus de trente ministres. Raspoutine intervint directement aussi dans les affaires militaires et dans les choix stratégiques de l'armée.

Certains aristocrates, comme le prince Youssoupov, inventèrent un complot international dont Raspoutine aurait été l'instrument et dont les inspirateurs étaient, selon eux, tantôt les Allemands, tantôt les milieux sionistes. L'idée d'un complot mondial visant à détruire la Russie réapparaissait ainsi avec Raspoutine et les rumeurs dont il était l'objet. Nous la retrouverons ensuite chez les bolcheviks qui considéreront toujours la Russie comme une forteresse assiégée. La mère de Nicolas II nourrissait également ce genre d'idées. En 1912 elle avait fait remarquer au Premier ministre Kokovstev : « Ma malheureuse belle-fille ne comprend pas qu'elle est en train de se détruire et de détruire la dynastie en croyant à la sainteté de ce démon. Nous ne sommes pas en mesure d'éviter ce malheur. » Comme elle, l'entourage du couple impérial voyait en Raspoutine un véritable Antéchrist.

Paradoxalement, ce ne fut pas un complot mondial qui accéléra la chute de l'empire, mais celui d'un groupe d'aristocrates proches du tsar qui décidèrent d'éliminer Raspoutine. Celui-ci savait que la guerre contre l'Allemagne serait calamiteuse pour la Russie. L'épouse de Nicolas II, d'origine allemande, souhaitait, elle aussi, une issue rapide des hostilités. Le parti de la morale et du bon sens ne fut pas le seul à vouloir éliminer Raspoutine, le parti de la guerre eut une part décisive dans le complot. Une paix séparée eût-elle gardé au tsar son trône ?

L'idée qu'il fallait en finir avec cet homme de l'ombre de la famille impériale avait germé dans bien des têtes. Les rapports de police dont j'ai déjà mentionné la teneur le confirment. Une première tentative d'assassinat faillit bien réussir le 29 juin 1914. Un rapport du ministère de l'Intérieur la relate ainsi : « Alors que Raspoutine sortait de chez lui, une femme s'approcha de lui, mendiant quelques pièces. Elle a sorti un couteau et l'a poignardé. »

Ses ennemis virent dans cet épisode la confirmation de l'absence des dons « magiques » qui lui étaient attribués, puisqu'il ne l'avait pas « prévu ». Pour la première fois, il se sentit menacé et écrivit ces mots à Nicolas : « Si je venais à être tué par un des tiens, ni toi ni tes enfants ne me survivraient plus de deux ans. » Puis il concluait d'un ton solennel : « Je sens que la vie me fuit, prie, sois fort et prends soin de ton peuple. »

En août 1916, la Galicie et la Pologne tombaient aux mains des Allemands. Il était temps pour l'empereur d'imposer sa volonté aux ministres, aux généraux et au grand-duc Nicolas. « Montre-leur que tu es le maître. Ils doivent apprendre à trembler devant toi, Souviens-toi de Monsieur Philippe, Grigori dit la même chose », disait Alexandra en incitant son mari à prendre le commandement des troupes. Nul doute que cette initiative n'allait pas lui être pardonnée...

Alors que la calomnie poursuivait ses ravages, le couple demeurait indiciblement soudé. Et c'est avec fierté que la tsarine vit son mari annoncer fermement au gouvernement, sous un tollé général, qu'il partait pour le front.

« Souviens-toi, la dernière nuit, à quel point nous nous sommes tendrement enlacés. Comme je vais attendre tes caresses ! » écrivit-elle au lendemain de son départ.

Désormais, le pouvoir était entre ses mains. Soutenue par Raspoutine, elle devint le personnage clé du régime. Grigori, comme jadis Monsieur Philippe, avait ancré en elle l'attachement à la tradition et à l'ordre. Aussi était-elle prête à assumer la dimension répressive de l'autocratie, confortée par son cher « Ami ». Monarchiste et populiste, Raspoutine aimait à sa façon la tsarine, il voulait la sauver et sortir le pays de la guerre. Mais ce fut un pas de trop pour cette impératrice russe d'origine allemande. Un témoin déclara à l'époque :

« Les ennemis les plus vils et les plus acharnés du pouvoir tsariste n'auraient pu trouver plus sûr moyen de discréditer la famille impériale. La Russie a connu des favoris qui, mettant à profit les bonnes dispositions du monarque à leur endroit, dirigeaient la politique du pays. Raspoutine, lui, “ fait ” parfois des ministres. Mais son vœu principal est d'aider le tsar et la tsarine, perdus dans un monde effrayant... »

Pour l'heure, ce qu'Alexandra attendait du gouvernement était clair : mettre fin aux querelles intestines et en finir avec les campagnes de diffamation. Aussi fit-elle valser quelques ministres hostiles à Raspoutine, ce qui entraîna une nouvelle vague de mécontentement.

Si la Cour considérait Raspoutine comme l'une des causes directes du délire politique de l'impératrice, la tsarine douairière songeait à faire enfermer dans un couvent cette bru qu'elle n'avait jamais acceptée : « Je crois que Dieu aura pitié de la Russie. Alexandra Feodorovna doit être écartée. Je ne sais pas comment cela doit se faire. Il se peut qu'elle devienne tout à fait folle, qu'elle entre dans un couvent ou qu'elle disparaisse. »

De plus en plus persuadée que les généraux étaient des incapables, Alexandra écrivait à Nicolas : « Le temps de l'indulgence et de la bonté est passé. Il faut les contraindre à s'incliner devant toi, à écouter tes ordres et à travailler comme tu le désires et avec qui tu veux... Pourquoi suis-je détestée ? Parce que l'on sait que j'ai une volonté ferme et que lorsque je suis convaincue qu'une chose est juste (et en outre bénie par Grigori), je ne change plus d'avis ; et cela ils ne peuvent le supporter. »

Le 14 décembre 1916, elle écrivait encore : « Notre cher ami t'a demandé de dissoudre la Douma... Sois donc Pierre le Grand, Ivan le Terrible, écrase-les tous sous tes pieds... Tu dois m'écouter, chasse la Douma... »

Cependant, dans l'ombre, se fomentait un drame. Le beau Felix Youssoupov appartenait alors au camp le plus puissant des adversaires du « Saint Démon ». Son père, Soumarokov-Elson, avait épousé la dernière descendante d'une des plus grandes famille russes, les Youssoupov, et avait obtenu le droit, pour qu'elle perdurât, d'en porter le nom ainsi que le titre. Ils possédaient d'immenses domaines, plusieurs palais à Saint-Pétersbourg et dans sa région, ainsi que le château d'Arkangelskoïe, situé non loin de Moscou.

Le jeune Felix avait tout pour lui. Tout ? Peut-être pas. Outre les ennuis de santé dont il souffrait depuis son retour d'Oxford, d'aucuns murmurèrent que son homosexualité était vue d'un mauvais œil par son parrain le tsar, qui, pour cette raison, retardait son entrée dans la garde impériale. Youssoupov exprima ainsi dans ses *Mémoires* ses sentiments à l'égard du « Saint Démon » : « Dans les veines de Raspoutine coulait du sang criminel. »

Le prince ne cachait pas non plus son dégoût pour les orgies auxquelles se livrait ce « moujik repoussant ». Pour éliminer Raspoutine, il se mit en quête d'un tueur à gages mais, l'homme idéal demeurant introuvable, il décida d'accomplir lui-même le crime qui allait le rendre tristement célèbre. Afin d'approcher sa future victime, il utilisa les services de Maria Golovina, fervente admiratrice et secrétaire bénévole de Raspoutine, avec laquelle il était en rapport. « Un sentiment romantique, rien de plus », se plaisait-elle à dire. Malgré la réputation qu'avait Felix d'être hostile à Raspoutine, elle accepta de lui organiser un rendez-vous.

Décidé à en finir, Felix Youssoupov dévoila peu après ses plans à son ami intime le grand-duc Dimitri, neveu de Nicolas, ainsi qu'à Soukhotine, officier en permission à Saint-Pétersbourg et homme de confiance. Pourichkevitch, un des dirigeants de la droite parlementaire, se joignit par la suite au trio.

Le 29 décembre 1916, Raspoutine fut convié sur la

Moïka, au palais Youssoupov. Le prince avait choisi de transformer le sous-sol de sa demeure en salon d'apparat. Il décora les lieux d'une manière digne d'un coup de théâtre de l'histoire dont l'écho, à minuit, résonna bien au-delà de la Russie.

La lumière blafarde perçait à peine les soupiraux pour aller mourir sur les soieries damassées dont le rouge framboise mettait en valeur les porcelaines chinoises posées sur des petites consoles de bois doré. Le tapis persan où se mêlaient les bleus et le pourpre contrastait avec la blancheur immaculée d'une peau d'ours jetée devant la cheminée de granit rouge. Un meuble singulier attirait l'attention. C'était un cabinet italien incrusté de pierres semi-précieuses. Grâce à de subtils jeux de miroirs, on pouvait suivre, en son centre, un labyrinthe sans issue. Un crucifix de cristal et d'argent fut posé sur ce cabinet au décor ô combien symbolique.

Pour l'historien russe Radzinsky, qui a récemment apporté un éclairage nouveau sur les dernières heures de ce drame, le grand-duc Dimitri Pavlovitch en personne aurait achevé Raspoutine blessé par la main maladroite du prince, alors qu'on a toujours dit que Youssoupov lui-même s'en était chargé. Les autres conspirateurs l'auraient couvert pour ne pas entacher les mains du candidat possible au trône.

Le corps de Raspoutine, assassiné par le prince Felix Youssoupov, était repêché le lendemain dans la Neva. Pendant les sombres jours du début de l'hiver 1917, la tsarine se rendit tous les jours sur la tombe de l'« Ami ». Effondrée, elle ne pouvait même plus écouter de la musique sans pleurer. Voilà qu'on l'accusait maintenant d'entrer en relation avec l'« esprit de Raspoutine » par l'intermédiaire du ministre de l'Intérieur Protopopov que l'on disait médium...

Quelque temps avant sa mort, Raspoutine avait écrit à son secrétaire Simanovitch : « J'écris et je laisse derrière moi cette lettre à Saint-Pétersbourg. Je sens qu'avant le 1er janvier, je ne serai plus de ce monde. Je voudrais faire savoir au peuple russe, à Papa et à la Mère des Russes, aux Enfants, à la terre de Russie ce qu'ils doivent comprendre. Si je suis tué par des hommes du peuple, et en particulier par mes frères les paysans, toi, tsar de Russie, ne crains rien, demeure sur ton trône et gouverne. Tu n'auras rien à redouter pour tes enfants, car ils régneront durant des siècles sur la Russie. Mais si je suis mis à mort par des boyards et s'ils font couler mon sang, leurs mains demeureront à jamais souillées, et durant vingt-cinq ans, ils ne parviendront pas à le faire disparaître. Ils quitteront la Russie. Les frères tueront les frères, ils se haïront l'un l'autre et, durant vingt-cinq ans, il n'y aura plus de nobles dans ce pays. Tsar de la terre de Russie, si tu entends le son du glas qui t'avertira que Grigori a été tué, sache cela : si ce sont tes parents qui ont préparé ma mort, alors aucun membre de ta famille, c'est-à-dire aucun de tes enfants ou de tes parents ne survivra plus de deux ans. Ils seront tués par le peuple russe... »

Les hommes de l'ombre de la révolution russe

Cette révolution, devenue la hantise de Raspoutine, était fomentée depuis des années par les dirigeants de l'aile radicale de la sociale-démocratie russe basés à Paris. Et les leaders révolutionnaires avaient aussi leurs « hommes de l'ombre », certes moins connus que Raspoutine, mais tout aussi influents.

L'homme qui manipula Lénine

Dans les années dix, tandis que le « Saint Démon » sévissait dans les palais impériaux de Saint-Pétersbourg, Lénine, à Paris, était inséparable de son bras droit, un certain Malinovski, jeune député de la quatrième Douma.

Toujours élégamment vêtu et amateur de bonne chère, ce Malinovski n'était autre qu'un agent bien rémunéré de la police tsariste. Il voyageait fréquemment avec Lénine et était au courant de tout, y compris de sa vie privée. Mais, s'il soutenait invariablement le chef du parti contre ses adversaires, il ne manquait jamais d'informer les services tsaristes de ses agissements.

Quand Inès Armand, la maîtresse de Lénine, se rendit à Saint-Pétersbourg déguisée en paysanne, pour y effectuer une mission, Malinovski la dénonça immédiatement. Elle fut arrêtée. (La famille Armand paya une caution exorbitante, permettant ainsi à la jeune femme de s'enfuir à l'étranger sans attendre son jugement.)

La collaboration de ce personnage avec l'Okhrana remontait à 1906. Voici sa première fiche des archives de la police :

« Nom de code : Ernest — Parti ouvrier social-démocrate. Ouvrier serrurier. Informateur bénévole. Donne parfois de bons renseignements. A indiqué que “ Koba ” et “ Kamo ” ont participé à l'attaque de la succursale de la Banque d'État à Tiflis. » Koba était un des noms de code d'un certain Iossip Vissarionovitch Djougachvili, qui allait être connu plus tard sous le nom de Staline. Kamo était le célèbre terroriste arménien Ter-Petrossian.

Une fiche postérieure, plus détaillée, des activités d'« Ernest » fut établie : « Roman Vatzlavovitch Malinovski, dit “ Ernest ”, dit “ le Tailleur ”, dit “ Constantin ”. Parti ouvrier social-démocrate (faction bolchevik) né en 1876, d'origine polonaise. Profession serrurier. Condamné pour vol en 1902. Ex-secrétaire de l'Union des ouvriers métallurgistes de Moscou. Trois fois arrêté et libéré pour insuffisance de preuves. En service non actif depuis mars 1910. A communiqué auparavant quelques bons renseignements. Militant de haute culture socialiste. Tribun très doué. A toute la confiance des militants bolcheviks et celle de Lénine, qui l'a fait entrer au Comité central du parti. Collaborateur énergique aux informations sûres. Appointements cent roubles par mois. Sera candidat à la Douma, si on l'aide. S'attacher à en faire un chef du parti. »

Une des méthodes inventées par l'Okhrana, et reprise plus tard par le KGB, était d'assurer l'ascension vertigineuse de ses agents dans la hiérarchie politique. Ainsi, de simple militant Malinovski devint-il membre du Comité central puis l'éminence grise de Lénine. L'Okhrana joua subtilement sur les rivalités personnelles et les différences idéologiques pour pousser Malinovski au devant de la scène.

À partir de ce moment-là, se révéla une sorte de dédoublement de sa personnalité : comme un véritable comédien, il prenait au sérieux chacun de ses rôles. Et il endossa celui de l'homme politique, tout en restant un mouchard. Certes, ce brillant orateur était à bonne école, puisqu'il avait été formé par Lénine comme analyste politique.

En 1912, Malinovski était au sommet de sa carrière. Ce double parrainage se fit particulièrement sentir à l'occasion de la campagne pour les élections de la quatrième Douma. Lénine assura le soutien de sa candidature par le groupe des bolcheviks de Moscou, tandis que la police appuya l'agent à sa manière, allant jusqu'à saboter les réunions de ses concurrents et saisit leurs tracts. L'Okhrana fit aussi le nécessaire pour cacher le passé douteux de son agent. La commission gouvernementale chargée de valider les candidatures n'eut jamais connaissance, par exemple, du vrai casier judiciaire de Malinovski (condamné de droit commun pour vol, il était inéligible selon les lois de l'empire).

Après son élection triomphale, Malinovski, en vrai joueur, fit monter les enchères.

Président de la faction bolchevik à la Douma, il émit de virulentes critiques à l'égard de la politique du gouvernement, y compris contre la terreur policière. Mais le comble fut une attaque en règle contre la pratique de la provocation policière, lors d'un discours dans lequel il osa réclamer la destitution du directeur du département de la police, la suppression du « cabinet noir » de recherche politique et la réduction des crédits du ministère de l'Intérieur (dont une partie était destinée à financer ses propres activités) !

Quoi qu'ils fussent habitués à prendre les déclarations de leur agent au deuxième degré, les chefs de l'Okhrana furent, cette fois-ci, suffoqués. C'en était trop. Aussi prirent-ils la décision de transmettre au président de la Douma une partie des fiches concernant Malinovski.

La révélation, en septembre 1913, de la collaboration de ce dernier avec l'Okhrana fut un scandale comparable à celui de l'affaire Azev. Cependant, Lénine œuvra pour que son collaborateur ne fût pas jugé par le tribunal intérieur du parti et permit tout simplement à son ancien poulain de fuir en Allemagne où, jusqu'en 1917, il se fit oublier, vivant tranquillement aux côtés d'une robuste Prussienne aisée aux cheveux de lin.

Mais, en février 1917, des troubles spontanés se produisirent dans la capitale de l'Empire russe. L'armée envoyée pour réprimer l'agitation refusa d'obéir et bascula dans le camp des insurgés. Le tsar perdit le contrôle de Petrograd.

Le 15 mars, pour tenter de sauver la dynastie, Nicolas II abdiquait en faveur de son frère, le grand-duc Michel, mais celui-ci renonça au trône. Ce fut la fin de la dynastie des Romanov.

Lénine, réfugié en Suisse, rentra à Petrograd pour préparer la prise de pouvoir par les bolcheviks. En octobre, l'insurrection armée minutieusement préparée par ses soins triomphait. À l'ouverture du Congrès des soviets de toute la Russie, Lénine prenait la tête du gouvernement soviétique.

Face à de tels événements, Malinovski n'était pas de ceux qui allaient terminer leur vie en contemplant les paysages tranquilles. Ainsi voulut-il jouer une fois encore à quitte ou double.

En décembre 1918, un homme corpulent, soigneusement vêtu, se présenta au palais Smolny, siège du soviet de Petrograd.

— Comment oses-tu venir ici, tu joues avec la mort ? Pourquoi fais-tu cela ? lui demanda Zinoviev le président du soviet, vétéran bolchevik que Malinovski avait rencontré chez Lénine.

— Parce que je n'ai compris la révolution que ces derniers mois, répondit Malinovski. Avant, pour moi, la politique n'était qu'un jeu. Je n'envisageais pas qu'on pût l'exercer autrement que par goût, par besoin. Si j'ai travaillé pour l'Okhrana, c'est surtout par ambition, après m'être laissé entraîner par mon esprit aventureux. Maintenant je viens ici pour régler mes comptes. Faites-moi fusiller !

Malinovski abattait ainsi sa dernière carte. En vrai joueur, il voulait une fois encore éprouver ce sentiment de vertige ressenti lorsqu'il était agent double, tout en espérant qu'on accorderait crédit à son faux repentir, gagé par sa vie. La psychologie de ces hommes de l'ombre est souvent marquée par ce goût du risque. Mais la révolution, comme disait le procureur de la Tcheka, « ne peut s'attarder au déchiffrement des énigmes psychologiques. Elle ne peut pas non plus s'exposer au risque d'être une fois de plus trompée par un aventurier ».

Malinovski fut fusillé le lendemain, le long du mur du monastère Tchouiski transformé en caserne de la Garde rouge.

L'escroc révolté

Malinovski ne fut pas le seul agent double proche de Lénine. Pendant des années un étrange personnage fréquenta les milieux révolutionnaires de toute l'Europe, sous le nom d'Alexandre Lazarevitch Parvus. En contact avec le parti bolchevik, celui-ci inventa la théorie de la révolution mondiale qui allait devenir la clé de voûte de l'édifice idéologique construit par Léon Trotski.

Riche marchand, courageux combattant sur les barricades de 1905, ami de Trotski et agent bien rémunéré des services secrets allemands, il était à la fois un séducteur, un révolutionnaire convaincu et... un escroc.

Comme Azev donc, Parvus était marqué par un dédoublement de la personnalité frôlant la schizophrénie politique.

Son vrai nom était Helphand. Né en 1867 dans une

modeste famille d'artisans originaires de la province de Minsk, capitale de la Biélorussie, il fit de brillantes études, d'abord à l'école, sous les châtaigniers parfumés d'Odessa, puis à l'université de Berne, en Suisse. Dès l'âge de quatorze ans il fut témoin des pogromes et fut à jamais habité par la haine de la monarchie russe, symbole du mal absolu et de la réaction dans le monde ; désormais tous les moyens allaient être bons pour la détruire.

En Suisse, au tout début du XXe siècle, Parvus fit la connaissance des grandes figures de la sociale-démocratie mondiale, comme Babel et Rosa Luxemburg. Polyglotte, fin théoricien et homme d'affaires rusé, il dirigea le journal socialiste *Arbeiter Zeitung* avant de devenir le collaborateur régulier du journal léniniste *Iskra (L'Étincelle).*

Les gauches du monde entier furent séduites par sa nouvelle théorie de la révolution permanente. Selon lui, la révolution mondiale devait triompher, non pas par la terreur (il savait de quoi il parlait puisqu'il avait lui-même été dans sa jeunesse membre du groupe terroriste Volonté du peuple), mais par la grève entraînant la paralysie de l'économie, la famine et la guerre. Bien avant l'heure, il prévoyait la division du monde en deux blocs et il était persuadé que le meilleur moyen d'arriver à la révolution était une guerre mondiale.

Persécuté en Russie, expulsé de France, interdit de séjour en Angleterre, il s'installa à Munich, grâce à la complicité des socialistes allemands. Mais bientôt la révolution de 1905 éclata en Russie, lui permettant de donner libre cours à ses élucubrations. Son jeune ami Léon Trotski le gratifia alors du titre de « plus éminent marxiste à la frontière des deux siècles ».

Les événements de 1905 confirmèrent les idées de Parvus : en effet, la grève générale allait être un puissant moyen pour amorcer le mouvement révolutionnaire. Et, quand les désordres sociaux commencèrent en janvier de cette année à Saint-Pétersbourg, il revint en Russie pour devenir éditeur de la presse révolutionnaire.

Trotski, puis Parvus, dirigèrent à tour de rôle le premier soviet des députés du peuple de la capitale de l'Empire. Les principales unions professionnelles se créèrent à travers tout le pays ; le drapeau rouge fut hissé sur le cuirassé *Potemkine* ; les partis révolutionnaires et les syndicats organisèrent la première grève politique générale de l'histoire de la Russie qui devait aboutir à l'insurrection armée.

Décrivant dans un style flamboyant ces jours fatidiques, Parvus déclara : « Trotski et moi-même, nous étions les deux cordes de la harpe sur laquelle se jouait la tempête de la révolution. »

Mais les concessions du pouvoir — le 17 octobre 1905, Nicolas II signa un manifeste marquant formellement la fin du pouvoir absolu en Russie — et l'utilisation de la force accompagnée des réformes proposées par Stolypine tuèrent dans l'œuf le mouvement de révolte, obligeant les révolutionnaires à prendre encore le chemin de l'exil.

1907-1908 fut la période la plus trouble de la vie de Parvus. De nouveau établi à Munich, il s'occupa plus de ses affaires que de politique et devint très vite un des financiers en vue de la capitale bavaroise.

On se demandait d'où venait son argent et à ce sujet les accusations d'escroquerie fusaient de toutes parts. Maxime Gorki, qui lui avait confié la collecte des recettes de sa pièce à succès *Les Bas Fonds*, eut à s'en plaindre. En effet, Parvus devait garder 20 %, donner 40 % aux bolcheviks et 40 % au dramaturge. Or, il empocha la totalité des sommes et avec son insolence légendaire, affirma avoir « tout dépensé en compagnie d'une mystérieuse beauté italienne ».

Une autre accusation parvint du milieu révolutionnaire clandestin qui lui reprochait d'avoir extorqué des fonds pendant l'intérim de la présidence du soviet de Saint-Pétersbourg.

« *Nitchevo !* Ce n'est pas grave ! », répondait Parvus à ses accusateurs, poursuivant ses menées dans les eaux troubles de l'affairisme mondial, si bien que les sociaux-démocrates allemands le bannirent et que Rosa Luxemburg cessa tout rapport avec lui. Seul Trotski continua à le côtoyer, non sans prendre un peu de distance avec lui en publiant dans le journal bolchevik *Notre mot* un article présentant son « ami » comme un homme du passé.

Pour l'heure, Parvus ne pensait qu'à son avenir et surtout à sa fortune et, au début du printemps 1910, doté d'un confortable pécule de cent trente mille marks-or, il embarquait pour Istanbul.

Un soir, au cours de la traversée, il rencontra une femme en robe blanche et escarpins assortis, pourvue d'une immense coiffure et enveloppée dans un grand châle. Lui, avec ses cent cinquante kilos, son haut-de-forme, son manteau en cachemire, ses bottines à boutons laqués était imposant comme un ours. Un quart d'heure plus tard, l'ancien révolutionnaire dînait en compagnie de la jeune femme et, au petit matin, fixant sa bouche aux lèvres de pêche, il la conduisait dans sa cabine.

Celle-ci, qui s'était présentée sous le nom de la comtesse Benvenuto de la Pietà, était en réalité une célèbre courtisane installée à Istanbul dont elle possédait toutes les entrées. Parvus utilisa les relations de sa maîtresse pour refaire sa vie d'homme d'affaires en Turquie et devenir bientôt le complice du Tout-Istanbul — source précieuse d'informations pour l'ambassadeur d'Allemagne...

Ainsi construisit-il en cinq ans une situation enviable, se spécialisant dans la vente d'armes en provenance d'Allemagne, tout en cultivant ses contacts avec les services secrets.

En janvier 1915, l'ambassadeur allemand von Vangenhaim rapporta à Berlin les mots de Parvus soulignant le fait que les intérêts du gouvernement allemand étaient identiques à ceux des bolcheviks :

« D'une part, les démocrates russes n'ont pas les moyens,

seuls, de renverser le régime. D'autre part, le succès de l'Allemagne dans cette guerre passe par le déclenchement de la révolution en Russie. Toutefois, même après la guerre, la Russie représentera toujours un danger pour l'Allemagne, sauf si elle est démembrée en plusieurs États séparés. »

En réalité, l'objectif de Parvus était de manipuler tous les acteurs en présence, le Kaiser, les révolutionnaires russes, Lénine lui-même, tout en se remplissant les poches.

Un document provenant des archives allemandes révèle cette intention. Il s'agit d'un « mémorendum-programme » intitulé *Préparation en vue d'une grève de masse en Russie*, dans lequel il se réfère aux conceptions défaitistes de Lénine. Ce projet parut suffisamment intéressant aux autorités allemandes pour que, le 7 mars 1915, le secrétaire d'État au Trésor impérial affecte « deux millions de marks à la propagande révolutionnaire en Russie ». Et dès la fin de l'année, Parvus devenait conseiller en titre auprès de l'État-Major allemand. Les sommes qu'il percevait pour financer ses activités augmentèrent : un million de marks-or pour la seule année 1915 [1].

Muni de ces subsides, Parvus sillonna l'Europe et trouva une astucieuse couverture en créant, toujours en 1915, à Copenhague, un « institut de recherche des causes et des conséquences de la guerre mondiale ». Là, il prit pour adjoint un bolchevik de renom, Ganetski *alias* Fürstemberg, qui lui servit d'intermédiaire avec Lénine rencontré, selon l'historien américain David Schub, en mai 1915 à Zurich. Parvus donna la version suivante de ces contacts. « J'exposais à Lénine mes vues sur les conséquences sociales et révolutionnaires de la guerre et attirais aussi son attention sur le fait qu'aussi longtemps que la guerre durerait, il n'y aurait pas de révolution en Allemagne : la révolution

1. Selon les documents d'archives publiés dans *Novi Journal*, New York, février 1961, n° 87, pp. 306-308.

n'était possible qu'en Russie, où elle éclaterait à la suite d'une victoire allemande. » (Sur ce plan, du moins, il s'est trompé car le coup d'État bolchevik a triomphé sans que les troupes du Kaiser eussent remporté des succès définitifs.)

D'autres sources confirmèrent cette entrevue, ainsi le bolchevik Zif remarqua les deux hommes bavardant amicalement à la sortie d'un restaurant.

Avec l'aval de Lénine, une coopération s'instaura entre Ganetski et Parvus, même si le leader des bolcheviks tenta de prendre ses distances avec « cette collaboration », affirmant qu'il s'agissait exclusivement de « relations d'affaires ».

Les sources diplomatiques hongroises [1] confirment que cette alliance avait bel et bien servi à financer les activités bolcheviks. Parvus et Ganietski-Fürstemberg faisaient en effet du commerce entre l'Allemagne et la Russie en faisant transiter les marchandises par la Scandinavie (il s'agissait d'instruments chirurgicaux, de produits médicaux et chimiques, de contraceptifs et de vêtements que Ganetski, en qualité d'agent russe, distribuait.) Cependant, les profits ainsi réalisés en Russie ne revenaient pas en Allemagne, ils servaient, en fait, à financer le parti bolchevik. Le système, imaginé par Lénine, Parvus et Ganetski, avait tout d'une manipulation : circuits financiers opaques, nombreux intermédiaires couvrant les liens avec les services secrets allemands, sociétés écrans, etc.

En public, Lénine présentait Parvus comme un renégat afin de camoufler leurs véritables relations et certifiait ne jamais avoir reçu d'argent de Ganetski, allant même jusqu'à déclarer que ce dernier n'était pas bolchevik (alors qu'il était un des dirigeants de ce parti en tant que membre du bureau du Comité central pour l'étranger). Pis, selon les sources officielles soviétiques, entre mars et début mai 1917, Lénine adressa à Ganetski plus de vingt télégrammes

1. Dmitri Vokogonov, *Lenine*, Novisti, Moscou, 1994.

et lettres, pour plus tard le nommer adjoint du commissaire aux Affaires étrangères de son gouvernement et lui confier les missions financières les plus délicates. Par une sorte de « renvoi d'ascenseur », ce dernier prit le fils de Parvus comme directeur de l'information du même ministère.

Pour l'heure, une autre étape de la coopération étroite entre Parvus et Lénine se profilait avec le retour d'exil du leader bolchevik en avril 1917. À l'époque, chaque semaine, sinon chaque jour, Lénine câblait à Ganetski de « mettre de côté deux ou trois mille couronnes pour le voyage de Suisse en Russie », tant et si bien que, lorsqu'il reçut l'argent, il put déclarer à sa maîtresse Inès Armand : « Nous en avons plus que je ne pensais. »

De sa propre initiative, Parvus s'occupa de l'organisation du voyage, n'hésitant pas à contacter à ce sujet, non seulement le ministère allemand des Affaires étrangères, mais le Kaiser en personne. Pour les Allemands, comme nous l'avons vu précédemment, le retour de Lénine en Russie était un enjeu crucial car ils comptaient sur lui pour « affaiblir la puissance russe ».

Dans cette affaire, Lénine, n'étant pas dupe des véritables intentions de l'Allemagne, mena prudemment les négociations par l'intermédiaire des socialistes suisses Robert Grimm et Fritz Paten, étant de surcroît représenté par son adjoint au Politburo, Zinoviev. De plus, comme il savait qu'il pourrait être accusé d'espionnage en faveur de l'Allemagne — à cause de ses rapports avec Parvus — il évoqua la nécessité de donner le statut d'extraterritorialité au wagon qui allait être utilisé pour le voyage. Les Allemands acceptèrent le marché et dégagèrent d'importants crédits pour financer l'opération.

Arrivé en Suède, le wagon plombé dans lequel se trouvaient Lénine, sa femme Nadejda Kroupskaïa, sa maîtresse Inès Armand et d'autres bolcheviks, fut accueilli par l'inévitable Ganetski qui leur fournit des billets pour le reste du voyage. Quant à Parvus, que Lénine prit soin d'éviter, il évoqua l'épisode non sans amertume : « Je me trouvais à Stockholm quand Lénine y passa... Par l'intermédiaire d'un ami, je lui fis dire que l'objectif personnel était la paix. Je lui demandai ce qu'il avait l'intention de faire. Il me fit répondre que son travail était l'agitation sociale et révolutionnaire. »

Persuadé jusqu'à la fin de ses jours que la révolution bolchevik n'aurait pas été possible sans « son » wagon plombé et que, sans le coup d'État d'Octobre, la Russie ne serait pas sortie de la guerre, Parvus eut beau jeu d'affirmer que cette affaire avait contribué à changer « le cours de l'Histoire mondiale » [1].

Après la conclusion de la paix séparée en 1918 à Brest-Litovsk, entre la Russie soviétique et les Allemands, Parvus fut si enthousiaste qu'il voulut revenir à Moscou. Toujours prudent, Lénine déclina cette offre. À l'époque, il était sur tout soucieux d'anéantir les preuves de toute coopération entre bolcheviks et Allemands. Après la prise du pouvoir, il fit notamment disparaître les documents recueillis par le gouvernement provisoire attestant ses contacts avec Berlin (21 volumes au total).

Parvus mourut quelques mois plus tard, en novembre 1918, dans son château en Suisse où il avait coutume d'organiser de somptueuses fêtes costumées.

Jusqu'au dernier jour il regretta de n'avoir pu affronter le redoutable réseau antibolchevik animé, en Russie, essentiellement par les Anglais.

Coup de foudre dans les neiges

L'hiver s'était très vite installé, comme toujours en Russie. Après le brouillard un vent glacé venu du Nord avait soufflé, figeant les ornières des routes.

1. A. Parvus, *Im Kampt un die Wahreit*, Berlin, 1918.

Le passager d'un bateau britannique à destination de Saint-Pétersbourg regardait rouler dans le ciel de gros nuages blanchâtres aux reflets de plomb. Il songeait à son destin. Depuis toujours il avait été fou de cet étrange et lointain pays qu'était la Russie. Maintes fois il l'avait évoqué dans ses rêves. Tolstoï, Dostoïevski et Pouchkine lui avaient, certes, donné les meilleures clés pour déchiffrer ses mystères, cependant, il leur avait préféré la compagnie imaginaire et délicieuse des femmes qui ont fait la Russie.

Ainsi ces figures légendaires avaient-elles fait voyager ce jeune aristocrate anglais à travers le temps, dans l'espace des palais étincelants de Saint-Pétersbourg et du Kremlin, le poussant à méditer sur les contradictions du caractère slave qui, comme l'architecture moscovite, ne connaît pas de limite.

À ses yeux, la cathédrale Saint-Basile ne ressemblait à aucun style connu, ni au gothique flamboyant d'Europe, ni au style byzantin. Était-ce l'architecture ou tout simplement l'âme russe qui réalisait ses caprices avec une telle fantaisie, avec ses contrastes, ses couleurs, ses jeux de lumière, rappelant sans doute les contradictions des drames historiques ? Qu'allait-il rester à ce voyageur de ce parcours initiatique au cœur de la Russie éternelle, à travers cette énigme au féminin ?

Paradoxalement, le jeune Britannique — comme en témoignent ses écrits — avait déjà pressenti cette issue au début de son périple. Pourtant ses nouvelles fonctions n'avaient rien de romantique. Représentant des services secrets de Sa Majesté, il venait en Russie en tant que diplomate.

À peine arrivé à son ambassade, quai du Palais, le jeune homme ne put résister à l'envie folle d'aller se promener sur la perspective Nevski pour contempler avec délice les paysages de ses rêves.

Il essuya avec un mouchoir son visage mouillé. Le gel, la tempête, les traîneaux à deux chevaux avec leurs grelots, les tourbillons de neige dansant dans la lumière électrique des grands lampadaires : tout lui apparaissait enfin.

Mince, l'air réservé, un visage réfléchi, Robert Bruce Lockhart avait à peine vingt-cinq ans.

Dès son arrivée, il fréquenta assidûment les milieux littéraires et les têtes pensantes de la politique. Il tint table ouverte dans les meilleurs restaurants de la ville où ses goûts pour les fameux raviolis russes à la viande et la vodka parfumée à l'herbe de bison étaient partagés par des amis de plus en plus nombreux. Folklore russe oblige, les accents désespérés des violons des Tziganes allaient accompagner les turpitudes de cœur de ce Britannique pas comme les autres, qui allait vivre presque cinq ans en Russie et observer avec effroi les premiers exploits de la révolution de 1917.

Le jeune Robert Bruce rencontra la femme de sa vie au début de l'année 1918. Ces deux êtres épris de musique, cherchant le risque et l'amour absolu, semblaient faits l'un pour l'autre. La première fois qu'il la vit, cheveux bruns en haut chignon, port droit et gracieux, il en fut ébloui. Et, tandis que la belle inconnue promenait son regard vif de tous côtés sans fixer l'animation chaude du salon, il l'avait déjà surnommée « ma tsarine ». Sans attendre, il se la fit présenter. Elle s'appelait Maria Zakrevskaïa ou Moura pour les intimes. Son mari, haut fonctionnaire du ministère des Affaires étrangères, avait été sauvagement assassiné par les paysans de son village dès les premiers mois de la révolution.

Robert invita sur-le-champ la jeune femme à l'accompagner pour dîner.

Lorsqu'ils s'engouffrèrent dans le restaurant, un des derniers vestiges prérévolutionnaires, le rouge leur monta aux joues tant il y faisait chaud. Ne prêtant pas attention à la salle qui se remplissait peu à peu, Moura ne quittait pas des yeux le jeune Britannique. Quand le repas fut terminé, on sabla le champagne dans un cabinet particulier où les Tziganes furent invités à danser et à chanter. Précédé de deux femmes accourant à petits pas, pieds nus, un vieux Tzigane entama une complainte reprise en chœur par les deux danseuses. Moura les écoutait avec un sourire alangui.

À cinq heures du matin, Lockhart la reconduisit chez elle. Fermant les yeux de bonheur il n'osa embrasser que la pointe de son col de renard, enivré à jamais par cette odeur exquise de fourrure mouillée. Au-dehors, une lune orange et ronde semblait figée dans une attente curieuse.

Cette soirée inspira sans doute au jeune homme ces mots : « J'ai vu une femme de grand charme dont la conversation peut éclairer mes jours. Elle a vingt-six ans, elle est plus russe que russe. Sa force vitale est sans doute liée à une santé de fer... Sa philosophie de vie l'a faite maîtresse de son propre destin. C'est une aristocrate ; elle aurait pu être communiste mais jamais une bourgeoise. »

Le diplomate britannique ne cacha pas longtemps la vérité sur ses activités à sa bien-aimée, reconnaissant même avoir été mandaté par son Premier ministre Lloyd George, pour assurer la participation de la Russie dans la guerre contre l'Allemagne. Moura répondit banalement à cet aveu, mais Robert Bruce trouva cette réponse adorable : « Pour le meilleur et pour le pire, je serai toujours ta complice », les choses simples l'avaient toujours charmé.

Elle était une grande fille à la bouche sensuelle, intelligente et dure, douée d'une capacité exceptionnelle d'adaptation et d'un don de communication rare pour sa génération. Aussi le diplomate n'hésita-t-il pas à l'introduire dans son équipe de l'ambassade où elle participa, avec ses collaborateurs de confiance, aux analyses de la situation et aux prises de décision les plus délicates.

Les archives du Quai d'Orsay confirment que Moura et Robert Bruce furent en contact étroit avec le chef des services secrets français en Russie, Vertmont, René Marchand, correspondant du journal *Le Figaro*, ainsi qu'avec l'attaché militaire français Sadoul. Quant à Lénine et ses complices, ils savaient pertinemment que Robert Bruce se trouvait au cœur du dispositif britannique en Russie, ce qui les intéressait au plus haut point.

Moura et Lockhart s'interrogeaient. Quelle solution fallait-il choisir ? Miser sur les bolcheviks pour qu'ils poursuivent la guerre contre le Kaiser ou continuer à accorder un soutien actif à la cause blanche pour en finir avec le régime bolchevik ?

La situation de Lockhart était plus qu'ambiguë : considéré comme le représentant « officieux » du gouvernement anglais, il menait néanmoins des négociations tout à fait officielles avec les bolcheviks, tout en entretenant parallèlement des contacts étroits avec les organisations qui préparaient le renversement du gouvernement soviétique. Bien que les communications fussent souvent coupées avec son pays, il continuait à recevoir des fonds nécessaires pour financer la contre-révolution en Russie.

Si, au début de l'année 1918, Londres n'avait pas semblé mesurer la profondeur des liens existant entre les bolcheviks et les Allemands, l'Empire britannique allait, quelques mois plus tard, combattre Lénine avec toute sa vigueur.

Les comploteurs manipulés

Berlin avait pris l'avantage en signant avec Moscou une paix séparée le 3 mars 1918. Les Allemands occupant l'Ukraine, les Britanniques débarqués dans le nord et dans le sud de la Russie réussirent à pénétrer dans le Caucase.

Ce fut alors qu'entra en scène un autre personnage énigmatique.

Il s'appelait Sydney Reilly. Son parcours n'est pas sans ressemblance avec celui d'autres hommes de l'ombre.

Originaire d'une région limitrophe entre la Pologne et la Russie, il connut très jeune la misère et les sévices de la police tsariste. Reilly n'était cependant pas pessimiste face à l'avenir de son pays d'origine, pensant que le renversement de la monarchie devait être un prélude à l'entrée du peuple russe dans l'ensemble européen.

Émigré en Angleterre, il s'engagea dans les services secrets britanniques et commença à sillonner le monde. Tantôt en Extrême-Orient, travesti en marchand de tapis, tantôt en Allemagne, déguisé en officier de marine du Kaiser, il avait partout ses entrées, parlant les principales langues d'Europe. Il n'oublia pas en chemin de s'occuper de ses propres affaires, notamment en représentant les grands constructeurs des chantiers navals allemands à Saint-Pétersbourg. Ce spécialiste chevronné de l'espionnage militaire devint une sorte de mentor pour Lockhart.

À cette époque, Reilly avait la beauté brûlante des gens du Sud et un caractère réservé qui ne correspondait pas tout à fait à ses origines. Selon Lockhart, « il unissait le tempérament artistique des Juifs et la hardiesse diabolique des Irlandais ».

Envoyé en Russie au début de 1918, il devait mettre au point un plan de renversement des bolcheviks. Ce montage à plusieurs facettes devait aboutir à l'assassinat de l'ambassadeur d'Allemagne et faire enterrer ainsi toute perspective d'alliance entre Berlin et Moscou.

Reilly entreprit immédiatement une série d'actions visant à élargir un réseau de correspondants honorables, aussi bien russes qu'étrangers, travaillant pour les services secrets alliés. Il distribua de l'argent partout : aux officiers monarchistes, aux représentants de la gauche modérée, aux hauts dignitaires de l'Église orthodoxe, aux terroristes repentis comme aux anarchistes. D'ailleurs il fut en synergie avec ses collègues français ; une fois encore les archives sont formelles : les animateurs du mouvement contre-révolutionnaire en Russie soviétique reçurent environ 2 500 000 roubles des Français, en conformité avec les instructions écrites de l'ambassadeur Noulens.

Plus que jamais, Reilly se sentait investi d'une « mission » : il se voulait le sauveur de la Russie.

Mégalomane ? Non, plutôt un ambitieux metteur en scène de drame historique en manque d'acteurs charismatiques...

Cherchant l'interprète qui devait exécuter la partition qu'il avait écrite, il misa sur un terroriste assagi, ancien ministre de la Guerre du gouvernement provisoire, Boris Savinkov que nous avons déjà rencontré dans ce récit, lorsqu'il hésita à en finir avec le provocateur Azev.

Reilly, qui se voulait un artiste de la politique, avait trouvé en Savinkov un virtuose, un génie inspiré des complots, capable d'exécuter ses plans.

Ce dernier, en effet, était une légende vivante. Tout jeune, à peine vingt ans, Boris Savinkov avait participé aux attentats contre les plus hauts dignitaires du régime tsariste que nous avons évoqués, notamment à l'assassinat du grand-duc Serge. Après la découverte de la trahison de son camarade Azev, il s'était réfugié dans la littérature, publiant quelques romans à succès à Paris sous le nom de Ropchine. Ce Russe aux gestes brusques et au regard désespéré était alors devenu le chouchou de la bohème parisienne, fréquentant Pablo Picasso et Anatole France, Max Jacob et Jean Cocteau. Le présentant, Apollinaire disait invariablement : « Voici, mon ami assassin. »

Le temps des cafés parisiens et des errances à Montparnasse était désormais oublié et les Britanniques ne considéraient pas Savinkov comme un personnage farfelu. Ils estimaient même qu'il possédait toutes les qualités pour devenir le maître incontestable de la Russie.

Voici d'ailleurs comment Winston Churchill (à l'époque où il était ministre de la Guerre) le décrivit : « Sauf au théâtre, je n'avais vu de nihilistes russes ; ma première impression fut qu'il était singulièrement bien fait pour ce rôle. Bien que petit de taille, bougeant le moins possible et le faisant sans bruit, mais d'un air délibéré. Des yeux gris vert remarquables dans une figure d'une pâleur cadavérique fixaient l'attention ; il parlait, d'une voix égale presque monotone, doucement, calmement et fumait d'innombrables cigarettes. Ses manières étaient à la fois confiantes et dignes ; son abord empressé, cérémonieux était fait de tranquillité froide, mais non de calme glacial ; à travers ce mélange on devinait une personnalité peu commune, une forte maîtrise de soi dissimulant une force cachée. Sa puissance, ses qualités prenantes, se montraient peu à peu quand on observait attentivement son attitude, son expression et ses mouvements. Ses traits étaient agréables ; bien qu'il n'eût pas dépassé la quarantaine, sa figure était si ridée, la patte d'oie si prononcée autour des yeux que, par endroits, sa peau donnait l'impression de parchemin ratatiné. Un regard ferme venait de ses yeux impénétrables. Ce regard était impersonnel, détaché, il me parut porter la marque du destin. »

Ainsi le plan définitif de renversement de Lénine, prévoyant l'assassinat des principaux leaders de la révolution, fut-il élaboré au début de l'été de 1918 par les trois « hommes de l'ombre », Savinkov, Lockhart et Reilly.

Le 6 juillet devait commencer un soulèvement général organisé conjointement par plusieurs mouvements antibolcheviks. Le signal devait être donné par l'assassinat de l'ambassadeur d'Allemagne. L'attentat fut minutieusement préparé et parfaitement exécuté par un socialiste-révolutionnaire, Jacob Blumkine.

Pour les Britanniques, cet attentat aurait dû être un chef-d'œuvre de la manipulation politique, mais ce furent les bolcheviks qui gagnèrent cette bataille de l'ombre.

Les réseaux d'espions anglais ayant à leur tour été infiltrés par la police secrète de Lénine, l'affaire tourna mal. Le Kremlin utilisa ce prétexte pour déclencher une véritable avalanche de terreur. Moura et Robert Bruce furent arrêtés et jetés en prison.

Lockhart allait se trouver face au plus déchirant dilemmes. Les chefs tchékistes proposèrent un mar diable à l'espion anglais démasqué : soit il tr

Couronne et restait en Russie avec Moura pour travailler au service des Soviétiques, soit il repartait sur-le-champ pour la Grande-Bretagne, laissant celle qu'il aimait sans pratiquement aucun moyen de survivre.

Une longue nuit glacée fut accordée aux amants pour discuter cette question. Aux premières lueurs du jour, Moura avait décidé que son amant devait partir.

Un mystère subsiste autour de cette affaire car le couple aurait dû être exécuté sommairement après la découverte du complot. Moura avait-elle dû céder aux avances du terrible chef tchékiste Peters ? Fit-elle ce sacrifice suprême pour sauver son amant ? Commença-t-elle à travailler pour les soviets comme le laissa entendre le maître espion Soudoplatov [1] ?

En tout cas, le diplomate britannique rejoignit Londres sain et sauf.

Là, il reçut un accueil glacial. Le gouvernement ayant opté pour une ligne politique ouvertement antisoviétique, la grande familiarité de Lockhart avec les leaders de la révolution russe n'était guère appréciée et suscitait quelque méfiance à son égard.

Profondément blessé, il abandonna son métier d'agent secret. Selon ses propres aveux, il aurait pu sombrer dans la misère et pensa même au suicide. Mais un de ses amis, devenu grand patron de presse, lui ouvrit les colonnes de ses journaux. L'ancien espion s'imposa alors très vite comme une des plumes les plus brillantes du journalisme en Angleterre.

Ses articles, puis ses *Mémoires* devenus un livre à succès,
... crue sur ce personnage hors pair.
...agent secret allaient être reconnues,
...s lecteurs mais aussi par ses anciens
...gence Service. Ces derniers d'ailleurs

...ir la bibliographie en fin d'ouvrage.

lui répétaient souvent : « Si l'Angleterre doit faire face à une nouvelle guerre, nous vous rappellerons au service du pays. »

Pendant la Seconde Guerre mondiale, Churchill nomma en effet Lockhart à la tête d'une cellule secrète où il joua un rôle efficace, s'occupant des dossiers les plus sensibles concernant la Russie et l'Europe centrale.

Un film relatant son épopée moscovite consacra définitivement la légende de Lockhart. Désormais le grand public allait le considérer comme un des plus éminents espions britanniques du XXe siècle, occultant ainsi le rôle essentiel de Reilly et de Savinkov, autres protagonistes du complot contre Lénine.

Mais ces derniers continuaient à déployer dans l'ombre leur fantastique énergie pour lutter contre les bolcheviks. Cette bataille était non seulement le sujet de leur préoccupation essentielle, c'était une hantise, une idée fixe, l'affaire de leur vie.

Après le fiasco de la révolte du juin 1918 suivi de l'échec de l'intervention franco-britannique dans le sud de la Russie, Reilly faillit bien tomber entre les mains de la police secrète de Lénine, mais à la dernière minute il réussit à passer la frontière.

De retour à Londres, il contacta immédiatement Savinkov qui lui aussi avait réussi à fuir la Russie et s'était installé à Paris. La situation avait radicalement changé. Enfin un homme d'État de premier plan avait décidé de soutenir leurs efforts. En effet, Winston Churchill, qui considérait le bolchevisme comme la tyrannie la plus destructrice, « la plus avilissante de l'histoire », avait lancé un appel aux volontaires britanniques pour rejoindre la légion anglo-slave censée être envoyée en Russie.

Reilly insista auprès de ses supérieurs des services secrets : « Savinkov a été, reste et sera toujours le seul homme qui vaille la peine qu'on parle de lui et qu'on l'aide... En dépit des persécutions continuelles dont il fut victime et des difficultés incroyables rencontrées, il a su maintenir son organisation vivante et est le seul antibolchevik parmi les Russes qui travaille réellement. Je m'accroche à lui contre vents et marées... »

Les services britanniques, frileux à l'idée de financer un agent russe considéré comme un vulgaire aventurier ou un séducteur invétéré, ne souhaitèrent pas débourser un sou. Reilly décida alors de jouer son va-tout et paya de sa propre bourse les activités de son ami russe, en vendant une collection exceptionnelle d'objets de l'époque napoléonienne. Churchill continuait à les soutenir tant bien que mal. Cependant, il était en perte de vitesse car le gouvernement britannique se prononçait de plus en plus en faveur d'un *statu quo* avec la Russie. Voici comment il décrivit la situation :

« À la fin de 1919, quand la résistance sur le sol de la Russie fut réduite et que les nouvelles armées levées pour la défense de la liberté eurent été dispersées ou réduites, Savinkov groupa en territoire polonais ses propres armées. Ce dernier trait tient presque du miracle. Sans argent, sans état-major, n'ayant auprès des antibolcheviks russes qu'une autorité discutée et soupçonnée, ne possédant que le seul appui de son vieux camarade Pilsudski, il réussit cependant à réunir trente mille officiers et soldats et à les organiser en deux corps d'armée. Si prodigieux qu'ait été ce suprême effort, il était cependant condamné à échouer. Le pouvoir des bolcheviks se consolidait, les grandes nations inclinant à traiter avec le despotisme triomphant, les événements se précipitaient dans les petits États frontaliers, les dissensions se multipliaient dans son armée affligée de pauvreté, les derniers vestiges de forces s'en allaient, disparaissant l'un après l'autre ; obligé de quitter la Pologne, Savinkov continuait la lutte à Prague. Ayant perdu tout espoir de rentrer en Russie par la force, il organisa un vaste système de guérilla — la garde verte —, sorte de guerre de partisans à la Robin Wood, qu'il étendit à tout le vaste territoire soviétique. Peu à peu, grâce à tous les moyens d'un terrorisme et d'une boucherie sans pitié, toute résistance contre le bolchevisme fut réduite et les énormes populations du Pacifique à la Pologne, d'Arkhangelsk à l'Afghanistan furent enveloppées dans le suaire de la longue nuit d'une nouvelle période glaciaire. »

Au début du mois de juin 1921, Savinkov avait organisé le premier congrès anticommuniste à Varsovie. Mais la zizanie, ce vieux fléau, le rattrapa : les contradictions entre les participants furent telles que l'entreprise échoua. Cependant, durant les préparatifs de ce congrès, Savinkov avait réussi à réunir des renseignements capitaux pour les Anglais, permettant à Sydney Reilly de rédiger un rapport à l'attention de Churchill sur la famine en Russie. Les conclusions de ce rapport permirent de déclencher l'aide d'urgence au pays, sans laquelle au moins dix millions d'individus risquaient de mourir de faim. Fort de ces renseignements, Churchill essaya de convaincre le Premier ministre Lloyd George de rencontrer Savinkov.

Voici le compte rendu de ce rendez-vous manqué avec l'Histoire, raconté par Churchill lui-même :

« Lloyd George m'autorisa à amener Savinkov aux Chequers. Nous fîmes ensemble la course automobile. La scène qui frappa nos yeux à l'arrivée dut être une assez nouvelle expérience pour Savinkov. C'était un dimanche. Le Premier ministre recevait plusieurs pasteurs éminents appartenant à l'Église indépendante. Il était entouré par un groupe de chanteurs gallois venus de leur principauté pour lui faire honneur de leurs chants. Pendant plusieurs heures ils chantèrent des cantiques en langue gaélique. Ce ne fut qu'après l'audition que nous eûmes notre entretien. Je ne retiendrai qu'un seul épisode. Le Premier ministre faisait valoir que les révolutions comme les épidémies suivent un cours bien connu ; pour la Russie le pire était passé. En présence des réalités, mis en face de leurs responsabilités, les chefs bolcheviks abandonneraient leurs théories communistes ou se querelleraient entre eux et tomberaient comme Robespierre et Saint-Just ; d'autres plus faibles ou plus modérés les remplaceraient et, après quelques secousses, un régime plus acceptable finirait par s'établir.

« — Monsieur le ministre, répondit Savinkov avec ses manières cérémonieuses, monsieur le ministre, voudriez-vous me faire l'honneur de me permettre une objection ? Après la chute de l'Empire romain, ce fut le sombre Moyen Âge qui s'installa. »

Savinkov était de plus en plus désemparé, il n'était pas dupe, il comprenait bien que l'Occident était en train de le lâcher. Sa vieille expérience de terroriste clandestin lui permit aussi de déceler les infiltrations de la police soviétique dans son organisation. Il sentait que les agents de la Tcheka le suivaient partout.

Même Reilly s'éloignait de lui, s'occupant de plus en plus de ses affaires aux États-Unis. Lorsque Lockhart le rencontra pour la dernière fois en 1923 dans une boîte de nuit de Prague, il décrivit ainsi « cette figure pathétique pour laquelle on ne pouvait se défendre d'éprouver une profonde sympathie... Ce n'était plus qu'un paquet de nerfs. Parfois, sous l'influence de l'alcool, une flamme ranimait son regard et il arrivait à retrouver un peu son ancienne énergie. Mais il était moralement brisé. De grands cernes entouraient ses yeux et son teint blafard était devenu presque jaune. Il était accompagné de deux ou trois Russes qui ne m'inspiraient pas confiance et, bien que je me sois efforcé de lui parler et de l'égayer, je sentais qu'il n'était plus que l'ombre de l'homme qu'il avait été ».

À cette époque, une nouvelle réconfortante arriva de Russie. Un vaste réseau énigmatique avait contacté les représentants de Savinkov en Russie. Cette organisation nommée *Trust* ou Crédit municipal, était rattachée aux démocrates libéraux. Ceux-ci désiraient que Savinkov revienne en Russie pour prendre la tête d'un complot.

En 1923 la situation était propice pour les comploteurs :

Lénine était gravement malade. Sa santé mentale définitivement altérée, il ne reconnaissait plus personne et vociférait à l'arrivée de quiconque. Staline, élu en 1922 secrétaire du Comité central, essayait quant à lui de marginaliser Trotski, et celui-ci, se sentant menacé, s'appuyait sur l'Armée rouge qu'il avait créée. Une confrontation au sommet pouvait sonner le glas du régime.

La chance souriait de nouveau à Savinkov, comme autrefois en 1903, avec les attentats préparés par le jeune terroriste, comme en février 1917 quand Kerenski l'avait convoqué pour diriger le ministère de la Guerre du premier gouvernement démocratique de l'histoire de la Russie.

Peu lui importait dès lors que Lloyd George se fût désisté, il comptait sur l'aide des Américains. Reilly n'exerçait-il pas une influence prépondérante à Wall Street ? Mais ce dernier n'était pas totalement acquis à la cause du *Trust*, craignant d'être manipulé par la police secrète soviétique héritière des méthodes de l'Okhrana...

Avant de partir pour Moscou, Savinkov écrivit une fois encore à Sydney Reilly l'implorant de le rejoindre d'urgence à Paris.

Il parcourut l'Europe et retomba dans le creux de la vague, sentant bien qu'il lui fallait jouer à pile ou face : soit revenir en Russie pour diriger l'insurrection contre les bolcheviks, soit se donner la mort en Europe pour, selon ses mots, « montrer à ceux qui vivaient à l'étranger comment il fallait se sacrifier pour la Russie ».

Souvent vêtu d'un costume sombre, col blanc et cravate noire, il évoquait sa mort possible comme « une protestation contre la barbarie des bolcheviks ».

Le 9 août 1924, accompagné de quatre de ses proches, Savinkov quittait Paris pour Varsovie. Mais, au moment où il devait passer la frontière avec la Russie, il fut intercepté par la police secrète soviétique.

« Remarquable travail », dit-il froidement.

En effet, le piège avait été minutieusement préparé par le

chef de la police politique soviétique, Felix Dzerjinski. Redoutant que Savinkov ne prenne la tête de l'opposition dans le contexte trouble de la lutte pour la succession de Lénine, il avait constitué un état-major spécial composé de ses meilleurs collaborateurs pour organiser l'arrestation de « l'ennemi politique numéro un ». Le *Trust* était en fait une fausse organisation clandestine entièrement composée de tchékistes.

Amené à Moscou, Savinkov fut jeté dans la prison de la Loubianka où lui fut proposé un marché : la vie sauve contre des déclarations de ralliement au régime soviétique... Et il accepta.

Winston Churchill, qui comprenait si bien sa psychologie, donna sa version de ce revirement.

« On ne lui a pas appliqué la torture physique. Pour leurs ennemis les plus dangereux, ils avaient en réserve des cruautés plus ingénieuses, plus raffinées. De récents événements nous ont familiarisés avec ces procédés et leur efficacité pour arracher des aveux. Tourmenté dans sa cellule par de fausses espérances et des promesses, écrasé par des pressions subtiles, il fut à la fin amené à écrire sa lettre de rétractation et à saluer dans le gouvernement bolchevik le libérateur du monde.

« Couvert de honte devant l'Histoire, considéré comme un Judas par ses amis, il sentait chaque semaine augmenter la rigueur de son emprisonnement. C'est par la moquerie que Dzerjinski répondit à son appel. On ne sait s'il fut assassiné dans sa prison ou s'il se suicida de désespoir. Cela importe peu, ils l'avaient tué corps et âme, ils avaient réduit l'œuvre de sa vie à une mesquine grimace, ils lui avaient fait insulter la cause à laquelle il s'était donné. Ils avaient à jamais souillé sa mémoire. »

On ne peut mieux décrire les méthodes utilisées par Dzerjinski.

Ce dernier voulait même détruire le mythe de Savinkov, grand séducteur. Son successeur à la tête de la police secrète,

Yagoda, affirmait que son dernier amour, la femme de sa vie, Lioubov Dehrantal, l'avait vendu aux Soviétiques.

Le 7 mai 1925, la presse annonçait le suicide de Savinkov. Il se serait jeté de la fenêtre du dernier étage de la prison.

Selon Soljenitsyne, la dernière lettre du défunt fut rédigée par un autre terroriste assagi, Blumkine, qui partageait sa cellule pour exercer les pressions nécessaires visant à le briser. En 1980, le professeur Varchavski qui travaillait pour la Tcheka dans les années vingt m'a révélé que, Dzerjinski voulant conclure cette affaire le plus vite possible, Savinkov avait été empoisonné par un mélange de drogue et d'alcool savamment dosé.

Les amis de Savinkov à l'étranger furent choqués par son revirement inattendu. Sydney Reilly, lui, jura de le venger en multipliant partout des actions antibolcheviks. « Ils ont utilisé les méthodes de l'ombre, nous allons faire de même : la fin justifiera les moyens. »

Effectivement, il ne recula devant aucune désinformation. Il fabriqua par exemple lui-même une fausse lettre du président du Komintern, d'après laquelle celui-ci ordonnait au PC britannique de saboter la défense nationale. Songeant à ranimer l'opposition soviétique, il essaya de retrouver les représentants de la mystérieuse organisation *Trust* qui, sans état d'âme, lui tendirent le même piège.

Selon la presse, dans la nuit du 28 au 29 septembre 1925, un groupe de contrebandiers tentant de passer la frontière finlandaise fut intercepté. Les taupes de la police secrète propagèrent immédiatement l'information dans les milieux de l'émigration russe à Paris, précisant que Reilly avait été tué à ce moment-là. En réalité Sydney avait été arrêté et se trouvait déjà à la Loubianka. Il écrivit à Dzerjinski qu'il était prêt à coopérer avec les Soviétiques. Mais il reçut en réponse le même traitement que son ami Savinkov. Plus tard, les transfuges du KGB révélèrent que, complètement ébranlé par les drogues, Reilly avait donné des informations précieuses qui allaient permettre aux Soviétiques de recruter des agents parmi l'élite politique britannique, notamment au sein d'un groupe d'étudiants de Cambridge. Après avoir parlé, il fut froidement abattu. Parmi les trois grands protagonistes du complot contre Lénine, seul Lockhart mourut de sa belle mort en 1970 à Londres.

Durant ses promenades mélancoliques, il songeait à ses anciens compagnons. Churchill, qu'il rencontra souvent entre les deux guerres dans les salons britanniques, ne manquait jamais de lui dire : « Quel dommage que vous n'ayez pas réussi, vous auriez pu changer la grande Histoire... »

Lockhart était blessé de constater que, de son trio des hommes de l'ombre, Churchill préférait Savinkov, « son ami russe ». Laissons-lui une fois encore le soin de nous brosser le meilleur portrait de ce personnage qui voulait en finir avec Lénine :

« Toute la vie de Savinkov s'est passée à conspirer. Il n'avait aucune religion, du moins dans le sens que l'Église lui donne ; il n'avait aucune morale, dans le sens humain du mot ; il était sans foyer, sans patrie, sans femme ni enfants, sans parents, sans amis. Il était sans peur ; chasseur, il était chassé, implacable, inaccessible, c'était un solitaire. Et pourtant il avait trouvé une consolation. Il organisait sa vie suivant un plan. Sa vie était consacrée à une cause. Cette cause, c'était la libération du peuple russe. Pour cette cause, il n'y avait rien qu'il ne fût prêt à endurer, à oser. Et pour cela, il n'avait même pas le stimulant du fanatisme. Il était ce type extraordinaire d'un terroriste poursuivant des visées modérées. Il était partisan d'une politique raisonnable et éclairée, il voulait établir le système parlementaire anglais, la répartition des terres comme en France, il réclamait la liberté pour tous, la tolérance, et de la bienveillance envers chacun ; ces bienfaits, il ne lui répugnait pas de les rechercher au moyen des attentats à la dynamite, au risque de sa vie et de celle de ses partisans. »

Entre les deux guerres, Lockhart retrouva aussi Moura, mais tous deux avaient changé. Un accord tacite fut conclu entre eux : ils recouvraient chacun leur liberté tout en demeurant unis par une complicité. Tous deux y trouvèrent leur compte : Moura informait Lockhart de ce qui se passait en Russie soviétique où elle avait toutes les entrées, grâce au fait qu'elle avait partagé la vie de Gorki, tandis que Lockhart l'introduisait dans les salons de Londres. D'ailleurs, après le retour de Gorki en URSS, au début des années trente, Moura s'installa définitivement dans la capitale britannique où elle devint l'égérie de l'écrivain H.G. Wells.

Au début sa réputation n'était pas flatteuse, elle était en effet considérée comme agent double, sinon triple, travaillant tantôt pour les Soviétiques, tantôt pour le Allemands, tantôt pour les Anglais. Lockhart fit tout pour que cessent ces insinuations. Il lui conseilla même de rendre aux Soviétiques les archives secrètes laissées par Gorki. Il eut raison de le faire : à l'époque la police secrète soviétique n'hésitait pas à assassiner ceux qui possédaient des documents dérangeants pour Staline.

Lockhart et Moura se rencontrèrent régulièrement jusqu'à la fin de leur vie, à travers l'Europe où dans chaque capitale ils avaient leurs restaurants russes de prédilection.

Avant de mourir, Lockhart obtint de Moura le serment d'écrire elle-même leur histoire. Pour cela elle rassembla une riche documentation qu'elle garda dans sa dernière demeure en Italie, près de Florence, où elle comptait écrire ses *Mémoires*. Malheureusement elle n'en eut pas le temps. En 1974, un court-circuit mit le feu à la maison, anéantissant la totalité de ses souvenirs et de ses archives. Profondément choquée, elle s'éteignit quelques semaines plus tard, quatre ans après celui qu'elle avait considéré comme l'homme de sa vie.

La légende de Beria

Après la mort de Lénine en 1924, Staline triomphant de ses adversaires politiques s'imposa comme l'homme fort de l'URSS. Il commença par organiser des funérailles grandioses à son prédécesseur en copiant les rites des empereurs romains. Cette cérémonie symbolisa le début d'un nouveau culte : Lénine, dieu mort, Staline devenait le dieu vivant, personnifiant le pouvoir suprême du système communiste.

À partir de 1928, l'emprise de Staline sur la vie soviétique devint totale. Ni les institutions légales de l'URSS, ni les statuts du Parti ou des grandes organisations sociales n'avaient d'importance réelle. Leur seul rôle était d'approuver, de transmettre, et d'appliquer les décisions du dictateur. Secrétaire général du Parti (principal rouage du système politique), Staline réunissait à sa guise ses instances dirigeantes : Bureau politique, Comité central ou Congrès. Il pouvait en tout domaine choisir ses hommes, éloigner ceux dont la renommée lui portait ombrage, multiplier les ministères et prendre des décisions sans contrôle. Sa méthode de gouvernement reposait sur l'isolement, la méfiance, le mépris de toute forme légale. Apparaissant peu en public, vivant retiré dans sa datcha de Kountsevo, Staline gouvernait avec un petit nombre d'intimes auxquels il accordait provisoirement sa confiance et dont il entretenait les soupçons et les rivalités. Dans cette ambiance digne de la cour d'Ivan le Terrible, seul Lavrenti Beria, chef du NKVD, la police secrète soviétique, parvint à tenir tête au dictateur. Il fut l'homme de l'ombre non seulement parce qu'il était l'éminence grise de Staline, mais aussi parce que, après la mort de ce dernier, il voulut imposer un plan cohérent de réformes par des méthodes occultes.

La vie de Beria est entourée de légendes. L'histoire officielle l'a en effet invariablement présenté comme un des plus grands criminels de tous les temps, responsable direct de millions de morts, abominable violeur de petites filles. Ainsi, rue Novaïa Nikitskaïa, un charmant hôtel particulier caché sous les arbres centenaires en plein cœur de Moscou, sa mémoire suscite-t-elle encore bien des rumeurs. De nos jours ambassade de Tunisie, la demeure a appartenu au début du siècle au grand marchand Krassilnikov, connu pour ses frasques et ses courses effrénées en troïka à travers Moscou en compagnie de belles Tziganes.

Cependant, ce ne sont pas des fredaines de ce genre qui ont fait fuir les habitants du quartier. Depuis que Beria s'y était installé en 1939, la maison était devenue pour les Moscovites « la caverne de Barbe bleue ».

On racontait qu'il s'y passait beaucoup de choses. Les jeunes gens prétendaient posséder des détails piquants concernant les « parties » organisées en ces lieux ; les *babouchkas* mettaient en garde leurs petites-filles ; les femmes redoutaient d'y être emmenées par la voiture noire et luisante qui arpentait la ville comme une ombre malfaisante. Des bruits couraient même sur le suicide des maris après le viol de leur épouse.

Ces histoires paraissaient d'autant plus vraies que Khrouchtchev, après la mort de Beria, en révéla les détails les plus frappants.

La majorité de ces accusations se sont révélées fausses ou pour le moins exagérées. Certes, Beria vivait dans cet hôtel avec sa femme et son fils. Certes, il avait de nombreuses maîtresses, mais l'enquête de la commission gouvernementale de réhabilitation des victimes du régime totalitaire ne put prouver aucun viol. Selon le président de cette commission, Alexandre Yakovlev, ces dernières ont même unanimement affirmé que l'ancien bras droit de Staline avait été « un bon amant ». Les mêmes sources m'ont formellement confirmé que le témoignage de la jeune fille « violée » présenté lors du procès Beria en 1953 était un faux ; en réalité, c'était une manipulation de Khrouchtchev.

Cependant, il est vrai que Beria, chef du NKVD, attachait un grand prix à la présence de femmes dans ses services, au point qu'elles devinrent une composante essentielle du dispositif d'espionnage soviétique.

Beria passait souvent des soirées entières à consulter ses dossiers, notamment ceux concernant l'Okhrana. Il avait d'ailleurs une haute opinion du professionnalisme de la police secrète du tsar et s'inspirait sans vergogne de ses méthodes de provocation et de désinformation.

En 1915, ce jeune Méridional trapu et sportif, né en 1899 en Géorgie, dut fuir son village natal où son père, paysan aisé, avait eu des démêlés avec la police du tsar.

L'année suivante il commença des études d'architecture à Bakou. Cette ville cosmopolite, située sur les bords de la mer Caspienne, était non seulement un centre pétrolier mais aussi le carrefour d'un métissage culturel. Dans les bazars de la ville, Arméniens et Azeris, Turcs et Russes, Juifs et Géorgiens, se côtoyaient.

Les élèves de l'école d'architecture s'engagèrent d'emblée dans le débat sur l'avenir du tsarisme. Les premiers contacts de Beria avec la sociale-démocratie remontent à cette période. Il s'en approcha d'ailleurs davantage par amitié envers ses camarades de classe déjà membres du parti bolchevik que par conviction politique, preuve en est que le doute subsiste sur la date de son adhésion à cette organisation. (Il a toujours affirmé avoir été le trésorier du cercle marxiste en mars 1917, alors que des documents attestent son adhésion en décembre 1919.)

Dans le Caucase, la révolution n'avait pas encore consolidé ses bases. Confrontés à des révoltes successives, les bolcheviks locaux durent faire appel à l'Armée rouge pour les réprimer. Mais cette force n'eût pas été suffisante si elle n'avait pas recruté sur place les éléments dont elle avait besoin. C'est ainsi que Beria saisit l'occasion de s'engager comme interprète dans les troupes spéciales.

Connaissant parfaitement le pays, il devint le chien de chasse des brigades de répression. Remarqué pour son zèle, l'« interprète » devint juge d'instruction tchékiste.

Au milieu des années vingt, comme la nation géorgienne refusait toujours de se soumettre au gouvernement soviétique, celui-ci décida donc de dépêcher en Géorgie un responsable du parti à même d'endoctriner la population, lequel, lui aussi enfant du pays, s'appelait Iossip Djougachvili *dit* Staline...

Pour fêter son arrivée, un banquet réunit les principaux membres de la Tcheka locale. Le chef de l'assemblée, désigné pour porter les toasts, déclara à voix haute : « Beaucoup de mauvaise herbe s'est accumulée en Géorgie. Il faut passer la charrue. » Si les dignitaires en présence ne relevèrent pas la réflexion, Beria, le plus jeune, qui servait le vin à ses aînés comme le voulait la tradition, releva le défi proclamant : « Nous détruirons la mauvaise herbe et retournerons le sol de la Géorgie. »

De retour à Moscou Staline le fit nommer chef adjoint de la Tcheka de cette république caucasienne. Ainsi débuta la carrière de celui qui allait devenir le glaive du régime stalinien.

En 1922, Beria eut l'occasion de donner toute la mesure de ses facultés en réprimant l'ultime tentative géorgienne de secouer le joug bolchevik. Cinq mille personnes furent passées par les armes. Le soulèvement ainsi écrasé, il fut nommé chef de la police politique locale et décoré de l'Ordre du Drapeau rouge.

Sa froideur comme sa détermination n'échappaient à personne. Se méfiant de lui, les vieux bolcheviks adressèrent à

Moscou avertissements et témoignages réprobateurs à son sujet. Cent fois il aurait pu être éliminé. Mais le Kremlin faisait la sourde oreille. Il était intouchable puisqu'il était l'espion de Staline. Et grâce à lui, son maître connaissait tous les agissements et la vie privée des dirigeants géorgiens, traditionnellement méfiants envers leur ambitieux compatriote.

Dès cette époque, Beria apprit la solitude de l'homme de l'ombre, celle du loup qu'on fuit par peur.

Vers la fin des années vingt, Staline s'étant emparé du pouvoir, décida de se venger des bolcheviks géorgiens qui ne l'avaient pas soutenu dans son combat, la plupart étant les amis de son principal adversaire, Trotski. C'est ainsi que plus de trente mille Géorgiens, notamment les dignitaires du gouvernement de cette république, furent passés par les armes ou envoyés dans les goulags [1].

En 1932, le pays enfin soumis, Beria devenait le chef du parti communiste géorgien.

Deux ans plus tard, Staline le chargea d'élaborer une histoire du bolchevisme en Géorgie.

À cette occasion, Beria mit en exergue le rôle personnel de Staline en s'appuyant sur des falsifications historiques et sur le maquillage des faits. Il n'hésita pas à éliminer les témoins gênants susceptibles d'opposer un démenti à sa version des événements et fit aussi détruire les brochures et les articles consacrés aux débuts de la révolution. Son verbe était devenu parole d'Évangile. Ainsi sa nomination au Comité central du parti bolchevik n'étonna personne.

Les sommets du pouvoir

En 1936, alors que Beria sévissait toujours en Transcaucasie, à Moscou, Staline s'apprêtait à nommer un

1. Ces statistiques m'ont été fournies en octobre 1991 par l'actuel président de Géorgie, Édouard Chevardnadze.

nouveau « commissaire du peuple », autrement dit un nouveau ministre pour diriger le tristement célèbre comité aux affaires intérieures — le NKVD, sa police politique.

Après avoir hésité, il désigna Ejov à la tête du NKVD, avec Beria pour adjoint. Ce dernier aurait préféré rester le dirigeant omnipotent de Géorgie, plutôt que devenir le plus jeune des boyards moscovites et subir les aléas du redoutable caractère de Staline.

Lancé par Staline dans une folie destructrice, Ejov prépara, en 1938, le grand procès du « bloc des droitiers et des trotskistes ». Beria pressentait qu'une confrontation entre lui et Ejov était inévitable.

Vers la fin de l'année 1938 le chef du Kremlin désirait changer de cap. Le but des purges était atteint : une atmosphère de peur tétanisait le pays. Il était temps de faire porter aux autres la responsabilité des fleuves de sang qui avaient éclaboussé l'image de Staline. Le rôle du bouc émissaire fut attribué à Ejov qui fut arrêté en 1939 et fusillé un an plus tard.

Lavrenti Beria lui succéda à la tête du NKVD en juillet 1939 et se signala d'emblée par une relative modération. Sa nomination correspond en effet à une diminution radicale de la quantité des victimes de la terreur.

Le nouveau chef du NKVD osa même déclarer en s'adressant aux membres du Comité central : « Que se passe-t-il ici ? Nous arrêtons et emprisonnons des gens à droite et à gauche, jusqu'aux secrétaires des partis régionaux. Tout cela est allé trop loin. Nous allons devoir y mettre fin avant qu'il ne soit trop tard. » Et encore : « Si nous continuons les arrestations à ce rythme, bientôt il n'y aura plus personne à arrêter [1]. »

1. En 1936-1937, 1 372 392 personnes furent arrêtées, 681 692 furent exécutées. En 1939, il y eut 33 924 arrestations, en 1940, 87 109. En 1939-1940, il y eut 4 464 exécutions. (Statistiques fournies par le président de la commission de la réhabilitation des victimes du régime totalitaire.)

Beria s'attacha donc à remplacer en priorité l'encadrement de la police politique.

À cette époque il s'installa à Moscou, sur le quai de la Moskova, dans un appartement donnant sur le Kremlin. En entrant dans le cercle rapproché du dictateur soviétique le « camarade Beria » n'était pas encore son éminence grise, les vieux bolcheviks comme Molotov étant de loin plus influents. Staline ne dédaignait cependant pas sa compagnie et venait souvent goûter les plats géorgiens préparés par l'épouse de Beria dont la beauté était renommée. Il invita ensuite le couple à s'installer dans cet hôtel particulier du centre de la capitale, « plus digne de son poste ».

Leurs conversations, arrosées de vin sec de Géorgie coupé de limonade, se transformaient fréquemment en véritables épreuves de force. Comment pouvait-il en être autrement entre deux manipulateurs au caractère bien trempé ? D'ailleurs les témoignages sont unanimes : « Beria était le seul à pouvoir contredire le dictateur, tout en proclamant toujours sa loyauté. »

Si Staline ne cessait pas d'humilier ses collaborateurs directs en les traitant de « salauds » ou d'« imbéciles », il avait davantage d'égard envers Beria qui défendait ses positions en louvoyant habilement, sachant qu'au moindre signe de faiblesse il serait, selon ses propres termes, « écrasé comme une punaise ». Cette confrontation feutrée concernait même les détails de la vie quotidienne. Par exemple, alors que Beria portait un pince-nez, cultivant consciemment sa ressemblance avec les petits fonctionnaires soviétiques, Staline tenta en vain de lui faire porter des lunettes. En revanche il réussit à lui imposer le costume croisé à rayures des gangsters de Chicago des années trente, et alla jusqu'à pousser Molotov, son ministre des Affaires étrangères, à offrir à son « camarade » des cravates de soie. Quant aux chapeaux à larges bords, ils étaient livrés à Beria par le célèbre ambassadeur américain Harriman, toujours à la demande expresse du chef du Kremlin.

Le maître espion

Il neigeait encore en ce début d'après-midi de décembre 1939, quelques mois seulement après la nomination de Beria à la tête du NKVD.

Un vent froid soufflait par bourrasques, emportant des tourbillons de flocons sur la place Rouge, aussi déserte que silencieuse. Debout derrière une fenêtre du deuxième étage, Staline se tenait droit.

Le teint basané, la nuque charnue, les cheveux légèrement désordonnés, son regard se perdait quelque part dans la cour d'honneur vide. Sous un veston nu de toute décoration, ses bras semblaient trop longs et son costume trop grand. De hautes bottes noires mettaient en valeur sa prestance.

Sans se tourner il prit sa pipe et s'adressa à Beria :

« Lavrenti, il faut changer notre stystème de renseignement. Bien sûr, il faut s'occuper des anciens contre-révolutionnaires émigrés en Europe, mais nos services d'espionnage doivent se tourner vers l'étranger en modifiant leurs priorités traditionnelles.

« Étant donné que la guerre est imminente en Europe et en Extrême-Orient, il faut confier un rôle plus important aux agents de nature à peser sur les cercles officiels et les milieux d'affaires. En d'autres termes, il faut qu'ils aient accès aux dirigeants susceptibles d'infléchir le cours des événements. »

Les services secrets devinrent alors une institution à part agissant selon des règles précises inventées par Beria qui ne faisait que se conformer aux ordres de Staline. Il accordait une attention particulière aux choix de ses nouveaux agents. Rien de leur biographie ni de leurs contacts n'échappait à sa vigilance. Fixant des rendez-vous personnels aux officiers, il ne manquait jamais de leur répéter : « Il vaut mieux pour votre famille que vous ne soyez pas un agent double [1]... » Il laissait cependant une certaine marge de manœuvre à « ses collaborateurs secrets ».

Lorsqu'il arriva à Moscou en 1938 pour prendre le poste d'adjoint de Ejov durant les grandes purges, 80 % des cadres supérieurs de l'appareil central du service étranger du NKVD avaient été arrêtés puis fusillés ou envoyés au goulag. Leurs agents travaillant en dehors des frontières risquaient de subir le même sort, du fait qu'ils étaient en contact avec les « ennemis du peuple ». Mais Beria plaça tous les agents du NKVD à l'étranger sous sa propre responsabilité, ce qui leur sauva la vie. Dès lors, sous sa protection, le service mondial de renseignement soviétique allait devenir un des meilleurs de la planète.

Au lendemain de la révolution d'Octobre, Moscou avait commencé à mettre au point ces réseaux en envoyant en Occident de nombreux émissaires clandestins, chargés de préparer la « révolution mondiale ». Dans les années vingt, les activités de l'espionnage soviétique étaient menées par des bolcheviks au passé mythique. Au fil du temps, ces réseaux s'élargirent, notamment en France, grâce aux agents venus du milieu ouvrier, les *Robcor*, recrutés dans l'industrie de l'armement. (Ceux-ci étaient chargés de répercuter leurs informations à l'URSS par l'intermédiaire du journal *L'Humanité*.)

Beria décida de réorganiser le système. S'inspirant de l'expérience de la police secrète du tsar, il ordonna que les résidents du NKVD travaillent désormais exclusivement sous couverture diplomatique. Les officiers traitants détenant des passeports diplomatiques communiquèrent alors le plus fréquemment par le système des « boîtes à lettres mortes » : les documents secrets étaient déposés dans un lieu préalablement défini, avant d'être récupérés par les Soviétiques.

1. Cité d'après le témoignage du général Soudoplatov.

Une échelle des priorités géographiques de leurs activités fut également établie. La France était la troisième cible des services soviétiques après les États-Unis et la Grande-Bretagne. La résidence du NKVD reçut l'ordre de recruter tous azimuts dans le territoire français, particulièrement au ministère des Affaires étrangères où les communistes ne parvenaient pas à s'infiltrer. Selon les archives personnelles du colonel Vassili Mirokhine, ancien archiviste du KGB passé à l'Ouest, la taupe numéro un du NKVD en France ne fut pourtant ni un homme politique ni un grand diplomate, mais un modeste employé du chiffre au Quai d'Orsay.

L'intérêt de Beria pour Paris était aussi déterminé par des raisons personnelles. L'oncle de sa femme Nina, ancien membre du gouvernement menchevik de Géorgie, s'y trouvait en exil et le chef du NKVD accordait une attention particulière aux réfugiés géorgiens.

Tout en octroyant dc grands pouvoirs à Beria, Staline testait systématiquement son aptitude à accomplir des missions délicates, comme, en 1939, les préparatifs de l'assassinat de Trotski, adversaire le plus redoutable du dictateur.

Une chasse impitoyable avait déjà été lancée à travers toute l'Europe contre ses partisans, aboutissant à une succession d'enlèvements et de meurtres. Mais il fallait en finir avec Trotski lui-même.

Cette mission permet de reconstituer les méthodes de travail de Beria avec un de ses plus éminents agents, Leonid Eitingon. Sévissant tantôt en Chine, tantôt aux États-Unis, souvent en Europe, il était toujours apprécié par Beria. Cependant, pour Staline il avait trois défauts : ses origines juives, des parents à l'étranger et des missions trop fréquentes en dehors de l'Union soviétique.

En 1936, Eitingon se distingua en Espagne, d'abord sous le nom de « camarade Pablo », puis de « général Kotov ». Taille moyenne, carrure trapue, de petits yeux perçants sous d'épais sourcils, il avait laissé pousser sa barbe pour cacher une cicatrice au menton.

Eitingon possédait un ascendant incontestable sur les femmes ; il avait aussi beaucoup d'argent : outre les centaines de milliers de dollars mis à sa disposition par Beria, la fortune de sa famille à l'étranger était considérable. L'historien russe Alexandre Edkind [1] lui attribuait un proche parent, Max Eitingon. Celui-ci dirigeant une entreprise d'exportation de fourrure de zibelines, monopole d'État soviétique, finançait ainsi, selon la même source, les opérations clandestines du NKVD. En dehors de ses activités lucratives, Max fut aussi un des élèves les plus appréciés de Sigmund Freud et l'un des « six apôtres » affectés à la propagation des idées freudiennes à travers le monde. Il dirigeait l'Institut psychanalytique de Berlin ainsi que l'Association psychanalytique mondiale.

Les salons de Leonid Eitingon dans les capitales occidentales étaient de hauts lieux de rencontre de Russes blancs mondains et distingués, d'agents du NKVD et d'écrivains. On y lisait des textes à haute voix, y parlait des dernières toiles de Kandinsky, de psychanalyse et de politique.

Les Mata Hari de Beria

Eitingon devint le grand artisan des réseaux féminins du NKVD en poussant sur le devant de la scène, en 1939, une belle aristocrate espagnole d'origine cubaine, Maria Caridad del Rio Ernandez. Sa famille était connue aux États-Unis et au Mexique pour son engagement dans la libération de l'Amérique latine. Son aïeul avait été vice-gouverneur de Cuba, et son grand-père ambassadeur en Russie.

Une épaisse tresse noire ceignait son front, mettant en valeur un regard sombre ; malgré un corps vigoureux, sa démarche était élégante.

1. *Eros nevozmojnogo*, Moskva, 1997.

En 1919, Maria Caridad avait mis un terme à une union tumultueuse de dix-neuf ans avec un grand bourgeois espagnol, Don Pablo Marcader-Marina. Cinq enfants étaient nés de ce mariage, mais les Marcader ne s'entendaient plus et vivaient séparés depuis longtemps, lui, à Barcelone, elle, en France avec ses enfants.

Leur rupture définitive eut lieu à Bordeaux, après quoi la jeune femme tenta de se suicider plusieurs fois, mais elle se reprit et changea de vie. Ce fut à la fin de cette année 1919 qu'elle devint une militante communiste en entrant en contact avec la cellule du PCF de Bordeaux. Selon les vétérans du Parti communiste espagnol basés à Moscou, elle fut répertoriée pour la première fois par les Soviétiques en 1920.

Une connivence particulière liait Maria Caridad à son deuxième fils Ramón qui désirait suivre les traces de sa mère dans son engagement politique. Il avait fait des études dans une école hôtelière à Lyon et était devenu assistant du directeur du Ritz, l'hôtel le plus élégant de Barcelone en 1929.

Maria Caridad et ses enfants participèrent activement à la guerre civile espagnole, du côté des républicains. Les vétérans du Parti communiste espagnol la décrivaient comme une femme brillante, séductrice et fanatique, de surcroît tireuse d'élite exceptionnelle.

En 1936, Eitingon fut souvent en contact direct avec Maria Caridad. Leurs relations se transformèrent vite en une « tendre amitié ». « Eitingon et Maria Caridad furent d'abord amants », affirment sans ambages Christopher Andrew et Oleg Gordïevsky dans leur ouvrage *Le KGB dans le monde*. D'autres, comme l'ami personnel de l'espion et son supérieur hiérarchique, le général Soudoplatov, contestent cette thèse se référant aux règles en vigueur au KGB. (Argument d'ailleurs peu convaincant, compte tenu de la multitude des rapports extra-conjugaux des agents soviétiques.)

En tout état de cause, Maria Caridad et Eitingon étaient très proches. Pour ce dernier « c'était une femme à part ». Et quand le NKVD fut mandaté pour trouver un tueur à gages capable d'exécuter Trotski, Eitingon songea tout de suite à Maria Caridad qui avait déjà exécuté personnellement une vingtaine de trotskistes pendant la guerre civile en Espagne.

Après avoir perdu son fils aîné durant la guerre d'Espagne, Maria Caridad n'hésita pas à associer Ramón à cette opération. Eitingon décrivit ainsi le jeune homme à son officier traitant, un dénommé Pavel (nom de code de Beria) : « Un Espagnol aux qualités de diversion exceptionnelles. »

Eitingon et son supérieur direct Soudoplatov rencontrèrent la mère et le fils à Paris, avant que ce dernier soit envoyé sous le nom de Mornard à Coyoacán, au Mexique, où se trouvait Trotski.

Sur ordre de Staline, Beria peaufina personnellement le plan d'action : Marcader devait se présenter comme un homme d'affaires aisé, « un play-boy », afin de séduire la secrétaire de Trotski, Sylvia Angeleff, et s'introduire dans son entourage.

Eitingon et Maria Caridad accompagnèrent Ramón au Mexique. Petit à petit, Ramón devint inséparable de Trotski. Chacun savait qu'il n'était pas seulement journaliste et homme d'affaires proche de l'ancien leader bolchevik, il était aussi l'amant de sa secrétaire.

Le mardi 20 août 1940 à 17 h 20 les gardes du corps de Trotski virent une Buick s'arrêter devant la villa de Coyoacán. Cette voiture leur était familière, c'était celle de Mornard. Ce jour-là, le visiteur ne se gara pas comme à l'accoutumée par l'avant mais par l'arrière. Deux voitures l'avaient suivi et l'attendaient en dehors de la propriété. L'une conduite par Maria Caridad, l'autre par Eitingon.

Trotski et son épouse se trouvaient près d'une petite cabane où ils venaient chaque jour nourrir leurs lapins. Les deux hommes échangèrent quelques mots puis, voyant Ramón, *alias* Mornard, fébrile, Trotski lui dit : « Vous avez l'air malade, vous devriez aller vous reposer. »

Visiblement, le fondateur de l'Armée rouge n'avait guère envie de corriger l'article apporté par Ramón. Finalement, après un haussement de sourcils, il entraîna le jeune homme vers la maison.

Trotski se cala dans un fauteuil. Ramón resta debout de manière à l'empêcher de donner l'alarme et déposa son imperméable sur la table afin d'en sortir discrètement l'arme fatale.

Ramón raconta plus tard : « Fermant les yeux, je lui assenai un effroyable coup de piolet sur la tête. Il poussa un cri et s'écroula. Je n'oublierai jamais ce cri... »

Trotski mourut le lendemain à l'hôpital. L'assassin fut évidemment arrêté. Beria lui trouva alors les meilleurs avocats. Pour sa défense, Marcader invoqua une vengeance personnelle : Trotski l'empêchait d'épouser sa secrétaire. Il fut condamné à vingt ans de prison.

Le jour même du crime, Eitingon et Maria Caridad rejoignaient Moscou par des voies différentes.

Beria proposa de décerner à Ramón Marcader l'Ordre de Lénine et l'Étoile du Héros de l'Union soviétique. (Ces décorations suprêmes furent remises à sa mère.)

Cependant, un grand désenchantement attendait Maria Caridad à Moscou. Trouvant en Eitingon « un compagnon délicieux, un fin gourmet sachant déployer un charme incomparable », elle aurait espéré partager sa vie, mais elle constata vite qu'il n'avait jamais réellement pensé à l'épouser. Tenu désormais par la réserve de ses fonctions au NKVD et par ses obligations familiales, Eitingon s'éloigna d'elle.

Pendant la campagne antisémite du début des années cinquante Eitingon fut emprisonné puis libéré avant d'être de nouveau rejeté dans les geôles soviétiques, accusé de connivence avec « l'ennemi du peuple » Beria.

Maria Caridad chercha alors le réconfort auprès de réfugiés espagnols à Moscou. Ainsi, dans la chaleur d'une nuit d'amour raconta-t-elle avec fierté comment son fils avait assassiné Trotski. Le confident volage quitta bientôt l'Union soviétique pour l'Occident et y révéla la véritable identité de Mornard.

Paradoxalement, les conditions de détention de Marcader dans sa geôle mexicaine s'améliorèrent à la suite de cette révélation. Il purgea malgré tout sa peine et fut libéré le 20 août 1960.

Dès son retour à Moscou, Chélépine, le président du KGB, lui remit officiellement ses décorations. Marcader travailla quelques années à l'Institut du marxisme-léninisme, tandis que son maître à penser Eitingon était toujours en prison. L'assassin de Trotski essaya en vain de l'aider en intervenant en sa faveur au Politburo mais fut vite enjoint de se mêler de ses affaires. Ramón quitta Moscou en 1975 pour Cuba où il fut conseiller de Fidel Castro avant de mourir trois ans plus tard. Son corps fut ramené en URSS où il fut inhumé en grande pompe avec les honneurs réservés aux héros de l'Union soviétique. Des officiers du KGB en cocarde verte précédaient l'orchestre de l'Armée rouge, suivis des régiments d'élite, qui lentement conduisirent la dépouille du « camarade Marcader » à sa dernière demeure.

Eitingon, qui avait été libéré en 1973, essaya de se faire oublier. Il ne perdit par pour autant son humour légendaire, se plaisant à répéter : « Pour vivre tranquille en Union soviétique, il n'aurait pas fallu naître juif et être général du NKVD ! » Il est mort en 1981. Après l'écroulement de l'URSS, les procureurs militaires déclarèrent que les accusations formulées contre ce maître espion avaient été fabriquées. Ainsi, fut-il réhabilité *post mortem*.

Quant à Beria qui, sous l'ordre de Staline, avait personnellement supervisé l'assassinat de Trotski, il disait souvent à son fils : « Il aurait été plus utile de le laisser en vie, de surveiller ses agissements par l'intermédiaire des agents infiltrés dans son entourage, afin de sauvegarder le formidable réseau d'Eitingon et de Maria Caridad démantelé après cette affaire. »

Le cas de Maria Caridad avait été significatif pour Beria. Il avait compris qu'un couple d'espion était souvent plus performant qu'un agent seul. Aussi forma-t-il d'autres tandems pour ce genre d'activités.

Une autre « Mata Hari » du chef du NKVD fut également une Méridionale.

De grands yeux bruns, des traits réguliers et des cheveux nattés tombant sur la chute des reins, Elisabeth Zaroubina aimait porter de beaux vêtements et des fourrures de prix. Pourtant elle appartenait à une famille de révolutionnaires clandestins originaires de Roumanie. Son frère, chef de l'organisation militaire du parti communiste de Bucarest, fut tué dans une fusillade lors d'une tentative d'évasion. Alors à peine âgée de quatorze ans, la jeune fille se jura de le venger et se jeta à corps perdu dans un engagement fanatique.

Polyglotte, elle parlait couramment le français, l'anglais, l'allemand et l'hébreu. Langues fort utiles car son futur réseau d'espionnage allait être formé de réfugiés de toute l'Europe centrale.

À son arrivée en Union soviétique en 1919, la belle Elisabeth se lia avec un ancien terroriste du parti socialiste-révolutionnaire Jacob Blumkine, devenu haut fonctionnaire de la police secrète, dont nous avons vu le rôle qu'il joua dans l'assassinat de l'ambassadeur d'Allemagne en juillet 1918.

Leur idylle dura jusqu'en en 1930. Mais Elisabeth était prête à tout pour la cause révolutionnaire, même à sacrifier son amour. Ayant appris au cours de l'un de ses voyages clandestins en Turquie que son amant menait un double jeu et entretenait des contacts directs avec Trotski, elle n'hésita pas à le dénoncer aux staliniens. Il fut fusillé.

Plus tard, lorsqu'elle commença à travailler sous les ordres de Beria, elle épousa un des officiers des plus cotés du NKVD, Zaroubine. Rarement à Moscou, le couple sillonnait l'Europe et l'Amérique latine. Connu par les maîtres d'hôtel des grands restaurants des capitales, ils étaient remarqués pour leur élégance vestimentaire. Associant savamment les coloris de leurs costumes, ces agents chevronnés dégageaient une distinction au-dessus de tout soupçon.

À la veille de la Seconde Guerre mondiale, leur lieu de prédilection était l'Allemagne où sévissait une autre maître espionne de Beria, l'actrice Olga Tchekova, épouse d'un parent du dramaturge Tchekhov (celle-ci, grande amie d'Eva Braun, informait régulièrement Staline de ce qui se passait à Berlin).

Olga était en étroite relation avec le NKVD depuis plusieurs années et Lavrenti Beria s'occupait personnellement de ce contact. Il traitait d'ailleurs ses agents avec beaucoup d'égards. Connaissant leurs goûts, il ne manquait jamais de les couvrir de petites attentions. Après la guerre, Tchekova tomba sous la coupe du contre-espionnage soviétique et Beria dut intervenir pour récupérer son espionne. Pour le chef du NKVD, les services de Tchekova étaient « inestimables, une mine d'informations ».

Les Mata Hari de la police secrète soviétique étaient dès lors devenues une composante essentielle du dispositif mondial de Beria.

Implantés de l'Amérique au Japon, ses hommes animaient un immense réseau clandestin fort de plus de trois cents sources d'information. En Allemagne nazie, l'Orchestre rouge de Léopold Trepper communiquait à Moscou les renseignements les plus sensibles sur les opérations de la Wehrmacht. Plus de quatre-vingts agents, dirigées par Harro Schulze-Boysen et Arvid Haranck, mirent leur vie en jeu, et la plupart la perdirent dans les geôles allemandes.

En Suisse, Alexandre Rado dirigeait le groupe clandestin des Rote Drei (les Trois Rouges). Ce réseau, qui disposait de multiples sources à l'intérieur du Reich, comptait même parmi ses informateurs des officiers supérieurs de l'Abwher, le renseignement militaire allemand.

Ce fut en Grande-Bretagne que se constitua le groupe légendaire : les Cinq de Cambridge. Ses membres — Kim Philby, Donald Maclean, Anthony Burgess, John Cairncross et Anthony Blunt — occupèrent, pendant et après la guerre, les postes les plus sensibles dans les services secrets et le Foreign Office. En fait, en cette période cruciale de l'histoire, la plupart des secrets de l'État britannique atterrissaient sur le bureau de Beria.

Comme celui-ci se plaisait à le répéter, « la route menant à la gloire est semée d'embûches et de revers ». Ainsi connut-il à son tours un grand échec dans le domaine du renseignement : une analyse erronée de la date d'invasion des troupes allemandes en URSS, en juin 1941.

Beria était influencé par la position personnelle de Staline qui persistait à croire que Hitler ne romprait pas le pacte qu'il avait signé avec les Soviétiques. Le dictateur rejeta donc les nouvelles preuves des préparatifs d'invasion. De plus, Beria fut piégé par le résident du NKVD à Berlin, et son ami personnel, Armiak Kaboulov. Ce jovial Arménien, amateur de bonne chère, était lui-même victime de désinformations provenant des agents de l'Abwher, assurant la fidélité du Fürher à ses engagements [1].

Les pièges du dictateur

La guerre allait permettre à Beria d'élargir le champ de ces activités. Sachant créer en quelques minutes des ser-

1. Témoignage de l'ancien Premier ministre Evgueni Primakov, ex-chef des Services secrets.

vices, leur confier des missions et obtenir les résultats voulus, il organisa l'évacuation des centres industriels devant l'avance foudroyante des forces de Hitler et présida à leur réinstallation dans l'arrière-pays. Après la retraite allemande il fit partie du Comité de reconstruction des territoires libérés avec l'ancien secrétaire de Staline, Malenkov, dont il sut s'attirer les faveurs.

Le « camarade Beria » ne connaissait plus les limites de son pouvoir. Et tout lui souriait. Comme en témoigna Khrouchtchev dans ses *Mémoires* : « Durant la guerre, Beria était devenu plus imprudent que jamais. Je voyais très bien comment son influence grandissait, à la façon dont se modifiait l'entourage de Staline. À mon avis, c'est au cours de la guerre que Staline a commencé à avoir le timbre fêlé. Après la guerre Beria entra au Bureau politique et son influence de plus en plus grande éveilla l'inquiétude de Staline, plus encore sa peur. »

C'est sans doute pour cette raison qu'après la victoire, le NKVD, devenu MVD (ministère des Affaires intérieures), fut divisé en deux départements distincts afin d'éviter que Beria ne songe, un jour, à profiter de sa puissance exceptionnelle pour prendre la place du potentat.

Peine perdue, Beria était encore trop puissant. En outre, il avait été chargé d'un projet vital pour le pays : la création de la bombe atomique soviétique. Mission brillamment accomplie car Moscou disposa de sa bombe à partir du 29 août 1949.

Face à ces performances, Staline qui avait exterminé tant de collaborateurs directs, craignait de s'attaquer à Beria. Il semblait fasciné par ce personnage effronté et rusé.

En public, leurs relations étaient toujours cordiales. Staline l'invitait souvent à sa table et acceptait, par exemple, que son hôte s'y fasse servir des légumes préparés dans sa datcha : Beria les mangeait à la géorgienne, avec les doigts, comme s'il se méfiait des mets servis par le cuisinier du Kremlin.

Beria ne reculait jamais devant la boisson mais, chez Staline, il évitait de se dégrader. Cette volonté impressionnait le vieux dictateur qui aimait voir ses invités s'écrouler, s'humilier dans l'alcool.

Seul Khrouchtchev rapporta qu'il aimait l'alcool outre mesure : « Avant l'arrivée de Beria, les dîners étaient détendus. Après, les participants ne cessaient de s'y défier. C'était à qui tiendrait le mieux l'alcool ; il y avait des ivrognes dans tous les coins. »

Pour être en bons termes avec Staline, il fallait séduire son homme de l'ombre. Si certains étaient passés maîtres dans l'art de la flatterie, Khrouchtchev ne repoussait pas la camaraderie, les tapes sur le ventre, les plaisanteries plus ou moins grossières. Au début de leurs relations, les deux hommes bavardaient amicalement. Ils passaient souvent le week-end ensemble, et faisaient de longues promenades en forêt. À l'époque ils étaient alliés politiques.

L'après-guerre fut marqué par une lutte féroce au sommet du pouvoir. Les groupes se composaient et se décomposaient laissant nettement apparaître la faille qui séparait la vieille garde de la jeune génération. Un seul facteur était immuable : la peur de Beria.

Comment se fait-il que personne n'ait réussi à le supprimer « physiquement », selon l'expression chère aux dirigeants soviétiques ?

Le « camarade Beria » qui avait passé la majeure partie de ses belles années dans la Tcheka avait conservé d'excellents rapports dans le milieu policier. Par des amis, il contrôlait même la garde personnelle du chef du Kremlin. Sa position tenait en respect ses ennemis.

Ce sentiment de peur se retrouve dans les *Mémoires* de la fille du dictateur, Svetlana Allilouïeva : « Comment mon père a-t-il pu en arriver là ? Je ne sais qu'une chose : il n'a pu y arriver tout seul... Je considère que Beria était plus rusé, plus perfide, plus astucieux, plus effronté, plus acharné, plus ferme et par conséquent plus fort que mon père qui avait les nerfs fragiles, était capable de douter, était plus confiant, plus grossier, plus violent et surtout plus simple. Un malin comme Beria pouvait donc lui donner le change... »

Pourtant il est certain qu'à partir de 1951, Beria tomba en disgrâce.

Staline monta une machination destinée à le tenir en le plaçant en condition d'infériorité vis-à-vis d'Ignatiev, le ministre de la Sécurité d'État. Encourageant en coulisse la jeune garde des membres du Politburo, le dictateur lança deux bombes dans les jambes de son homme de l'ombre : l'affaire mingrélienne et le complot des blouses blanches.

La même année, le chef du Kremlin dénonça un complot nationaliste en Géorgie. Les Mingrels, tribu dont Lavrenti était issu, furent accusés d'entretenir des relations antisoviétiques avec les Turcs.

Beria n'était pas seulement pris à partie pour avoir manqué de vigilance et laissé mûrir un mouvement de révolte mais surtout parce que le complot était ourdi par les siens. En parfait cynique Staline n'hésita pas à mettre la mère de Beria sur écoute, pensant qu'elle donnerait des preuves de complaisance envers les Mingrels [1].

La réaction fut immédiate. Beria entra dans le jeu de Staline. Il prétendit être au courant de l'affaire, s'offrit personnellement à y mettre un terme et partit en croisade contre les Mingrels. Quelques centaines d'innocents choisis au hasard furent sacrifiés...

Le « complot des blouses blanches » était une manipulation politique encore plus grave. Neuf médecins officiels du Kremlin, en majorité d'origine juive, furent accusés d'avoir assassiné les hauts dignitaires soviétiques Tcherbakov en 1945, Jdanov en 1948, et de vouloir poursuivre leur œuvre de sabotage en empoisonnant le gratin de l'Armée rouge.

1. Témoignage du général Soudoplatov.

Ainsi, déclara Staline, « les capitalistes américains projetaient d'anéantir les élites soviétiques ». Une campagne antisémite d'envergure fut lancée, suivie de bruits insistants propagés par les services d'Ignatiev à propos de prétendues origines juives de Beria. Une fois encore l'homme de l'ombre faillit être torpillé par ses propres méthodes... Dans la foulée, Staline chercha à brouiller Beria avec les militaires.

Le maréchal Koniev, dans une lettre adressée à Staline, apporta à l'accusation une « preuve ». Il prétendait que « le lobby juif » (les médecins concernés) avait tenté de l'empoisonner en lui faisant absorber des drogues contre-indiquées. La lettre fut versée au dossier. À la demande de Staline, un document contre les médecins coupables fut publié. « L'opinion publique » finit par s'émouvoir. De partout affluèrent au Kremlin des lettres d'indignation.

Dans ce contexte de paranoïa collective, Beria se sentait désormais menacé. Tout en espérant passer à la clandestinité, il prépara la fuite de sa famille à l'étranger. Selon son fils, un avion était prêt à décoller à tout moment de Crimée pour les emmener à Paris où vivaient leurs proches.

Néanmoins, l'éminence grise de Staline n'avait aucune espèce d'illusion à propos de son évasion : il avait fait trop de mal aux Occidentaux pour qu'ils le reçoivent.

Quand sa femme lui reprocha de ne pas quitter ses fonctions, il répondit : « Tu ne comprends pas Nina, cela ne servirait à rien. À mon niveau, il n'y a que deux portes de sortie : l'une vers l'autre monde et l'autre vers la prison en attendant l'autre monde... »

Seule l'aggravation de la santé du dictateur sauva son homme de l'ombre. Vers la fin de sa vie, Staline donnait des signes de lassitude et perdait la mémoire. L'ambiance au Kremlin devenait de plus en plus surréaliste.

Un jour, « le père des peuples » interpella son ministre de la Défense : « Toi, là-bas, comment t'appelles-tu ?

— Boulganine. Bien sûr !

— Ah oui ! J'allais le dire... »

Une autre fois, au cours d'une séance de travail, il s'étonna de la présence du maréchal Vorochilov : « Comment diable est-il venu ici ? demanda-t-il.

— Mais c'est toi qui l'as nommé... »

Au cours de la dernière année de l'existence de Staline, Beria ne cachait plus ses sentiments, allant jusqu'à ridiculiser le dictateur sénile lors de conversations avec Khrouchtchev dans les toilettes du Kremlin.

Tout le monde attendait le dénouement avec appréhension. La mort de Staline risquait de libérer des passions longtemps bloquées par ses volontés et ses caprices.

Dans ce contexte imprévisible, seul Beria semblait conserver la tête froide et croire en sa bonne étoile. Pendant tant d'années il avait eu mille occasions de mesurer l'étendue des craintes qu'il suscitait ; il ne redoutait pas d'être trahi, ni jeté en pâture à ses ennemis. Au reste, il possédait sur ses collègues proches et lointains des dossiers, des films, des enregistrements qui les tenaient, bon gré mal gré, dans la limite d'une prudente défensive.

Selon le chef de cabinet du dictateur [1], Staline laissa entendre à son ancien secrétaire et allié de toujours Malenkov, lors d'un Conseil des ministres, qu'il serait son dauphin : « Après ma disparition, vous prendrez ma place. » Maintes fois il avait porté un jugement sur chacun des membres de son état-major. Molotov, longtemps son ministre des Affaires étrangères, était « le plus intelligent, le mieux qualifié pour assumer les fonctions de leader. Sa nature impitoyable, sa détermination, son opiniâtreté, son expérience le désignent... Mais il est indispensable de lui barrer la route du sommet : trop doctrinaire et manquant de souplesse ». De toute façon, Molotov était en perte de vitesse depuis l'arrestation de sa femme pour avoir « entretenu des liens avec les mouvements sionistes mondiaux en

1. Entretien de l'auteur avec M.T. Pomaznev.

tentant de créer une république juive en Crimée ». L'ingénieur Koganovitch était « une mauvaise réplique de Molotov » ; le militaire Vorochilov, « un idiot » ; l'Ukrainien Khrouchtchev, « un homme qui avait tout ce qu'il fallait pour être le successeur mais qui est un poivrot ».

Beria pesa les chances qu'il avait de terrasser ses adversaires. Il pouvait s'appuyer non seulement sur les services spéciaux, mais aussi sur les forces armées, qu'il aurait su, le moment venu, placer à Moscou. Il mésestimait cependant ceux qui gravitaient autour du pouvoir. En effet, Molotov n'était pas un ennemi. Beria s'apprêtait d'ailleurs à lui rendre sa femme. Ayant échappé au peloton d'exécution, elle était son otage personnel depuis deux ans. Malenkov ? Quel risque représentait-il ? Tous deux étaient des « fripouilles » de Staline, comme les surnommaient leurs collègues. Beria le méprisait : « Ce n'est qu'un bouc, disait-il. Il détale si tu ne le tiens pas à l'attache. »

Mais c'était un Russe, et Beria un Géorgien. L'amitié entre les deux hommes ne tenait d'ailleurs qu'à ce détail.

Quant à l'Arménien Mikoïan, il était l'ami de longue date, du temps de Bakou, le seul. Il eût été difficile d'obtenir un revirement de celui que Staline n'avait jamais tenu pour un personnage d'envergure.

Restait Khrouchtchev, sur qui Beria s'interrogeait. Leurs relations étaient plutôt bonnes, mais il allait falloir, le moment venu, l'occuper en dehors de Moscou. Son dévouement à Staline n'était peut-être qu'une façade. Staline mort, la façade s'écroulerait. Et qu'allait-il y avoir derrière ?

Pendant la maladie de Staline fin février-début mars 1953, Beria réagit sans se soucier de l'impression qu'il donnait. « Dès que Beria voyait la mort s'approcher du malade, il ne pouvait s'empêcher de répandre ses sarcasmes et de se moquer de lui sans vergogne. Mais dès que Staline reprenait ses esprits, Beria se jetait à ses genoux, lui prenait la main, le baignait de ses larmes », prétendit Khrouchtchev.

Le 5 mars 1953 le pays apprit la mort de Staline.

Khrouchtchev raconta plus tard : « On sentait Beria ragaillardi, rajeuni. Pour le dire crûment, il pendait la crémaillère devant le cadavre de Staline, avant même qu'on eût fermé le cercueil... Il n'existait plus de pouvoir sur terre capable de le retenir. »

La guerre de succession

Au petit matin deux divisions du ministère de l'Intérieur, sous les ordres de Beria, plusieurs chars aux chenilles alourdies par la neige entrèrent dans Moscou et prirent position autour du Kremlin.

La population transie, mal réveillée, ignorait ce qui se tramait derrière ces manœuvres. Si le chef du MVD s'était empressé de montrer sa force, ce n'était pas aux habitants de la capitale, mais à ses collègues...

Comme pour marquer un point contre lui, l'amiral Kouznetzov avait mis la marine en état d'alerte.

En même temps Beria prenait possession du bureau du dictateur défunt pour le libérer huit jours après.

Les « anciens » et les « jeunes loups » étaient divisés. Entre eux régnaient non seulement des rivalités de personnes, mais des contradictions, des divergences d'idées fondamentales. Parmi les jeunes, on distinguait aussi les « réformistes » plutôt technocrates, et les néostaliniens qui voulaient sauvegarder la prédominance du Parti.

Quelques semaines avant la mort de Staline, Khrouchtchev, comme il l'avoua lui-même, avait tenté de mettre Malenkov en garde contre Beria : « Ne vois-tu pas qu'il se moque de toi ? — Que puis-je faire ? », aurait répondu Malenkov.

Au mois de mars, Khrouchtchev prit de nouveau Malenkov à part : « Maintenant que Staline est mort, nous ne manquons pas de sujets de discussion. Que faisons-nous ? »

Malenkov obéit à un scénario prévu d'avance. Au début il repoussa l'aparté souhaité par Khrouchtchev et se contenta de dire : « Nous allons nous réunir tous, précisément pour parler. »

Dans l'esprit byzantin parler ne signifie pas échanger des idées, parler veut dire communiquer à haute voix des décisions irrévocables. Malenkov se faisait le complice de Beria ou, plus exactement, il faisait de Beria son allié.

Les membres du Praesidium du Parti se réunirent pour choisir le successeur du dictateur. D'emblée Malenkov donna la parole à Beria. Celui-ci proposa alors que Malenkov fût premier président du Praesidium, premier secrétaire du Parti et président du Conseil des ministres. À son tour, Malenkov demanda que Beria soit vice-président du Conseil des ministres et prenne la tête du ministère des Affaires intérieures et de la Sécurité d'État, à nouveau réunis. Personne ne protesta.

Boulganine, le ministre de la Défense, conserva un silence impénétrable. Khrouchtchev courba l'échine. Le moment n'était pas venu pour lui de formuler la moindre critique à l'encontre d'une décision prise en de telles circonstances.

Dès lors Malenkov et Beria étaient considérés comme les deux successeurs de Staline. Cependant, pour maintenir la politique de l'URSS en dehors des convulsions intérieures et des règlements de comptes, les « anciens » suggérèrent que la direction du pays soit confiée à un collège plutôt qu'à une seule personne. Ménageant les susceptibilités, ils établissaient également un équilibre provisoire entre Malenkov et Beria. Aucune tête ne devait s'élever plus haut que les autres. Ainsi naquit le triumvirat Malenkov-Beria-Molotov qui allait accompagner de ses trois discours prononcés les funérailles du chef disparu.

Malenkov parla le premier : « L'unité du Parti doit être constamment renforcée. » Il évoqua l'œuvre de paix de

Staline. Beria, lui aussi, fit écho à l'esprit pacifique de Staline, le ton chargé de menaces : « Il faut redoubler de vigilance. Que personne ne croie que les ennemis de l'État des soviets puissent nous prendre à l'improviste. » Il ne put cependant s'empêcher de porter un coup bas à la direction collégiale : « Le peuple soviétique a accueilli avec un sentiment unanime d'approbation la nomination de Malenkov à la présidence du Conseil. » Poussant ainsi son rival en avant, il l'exposait insidieusement à l'hostilité des autres.

Le dernier à prendre la parole, Molotov, resta dans les limites de l'oraison funèbre.

Le 5 mars 1953 Beria était certainement l'homme le plus informé sur la situation du pays. Il connaissait mieux que tout autre les problèmes que devait affronter l'Union soviétique. Dans le contexte de la guerre froide, ce pays exténué ne pouvait pas se permettre d'avoir une armée gigantesque et d'entretenir un système de camps de concentration. Des archives, récemment rendues accessibles, ont révélé toute la complexité de ce personnage. Entre mars et juin 1953, Lavrenti Beria rédigea une cinquantaine de documents à l'attention de ses collègues de la direction soviétique.

Le 6 mars, il proposa l'amnistie des prisonniers des goulags. (Plus d'un million de personnes seront libérées.)

Le 2 avril, moins d'un mois après la mort de Staline, il envoya une note au Comité central évoquant l'assassinat du directeur du théâtre juif, Solomon Mikhoels. Il accusait non seulement les exécutants mais également le ministre de la Sécurité Abakoumov d'avoir falsifié cette affaire. Le lendemain il exigea la réhabilitation des « Blouses blanches » et condamna la vaste campagne antisémite menée à la suite de cette affaire.

Le 27 avril, Beria proposa d'interdire la torture dans les prisons. Les jours suivants, il insista sur la nécessité de supprimer le système concentrationnaire.

Les 8 et 16 mai, il proposa un ensemble de mesures en

faveur de la décentralisation de l'URSS, en critiquant la russification forcée en Ukraine et en Lituanie.

Le 9 mai, il se prononça contre l'affichage systématique des portraits des dirigeants soviétiques.

Le 27 mai enfin, il se prononça en faveur de la réunification de l'Allemagne, déclarant au Conseil des ministres que « la principale source de la crise en Allemagne est la politique erronée de la construction du socialisme dans ce pays [1] ».

Ces réformes — de loin plus audacieuses que celles de Khrouchtchev — auraient pu sonner le glas de la guerre froide et diminuer la domination du parti communiste. C'est sur ce plan-là que Beria fut en quelque sorte le précurseur de Gorbatchev.

Peu importent ses motifs personnels — il est certain qu'il souhaitait ainsi occulter ses crimes passés.

Néanmoins, il fut le premier à élaborer une véritable stratégie impliquant un changement radical des relations entre les républiques de L'URSS, une nouvelle tactique diplomatique ; la marginalisation du Parti et l'introduction de la liberté de parole, sans parler de la réforme agraire prévoyant une authentique décollectivisation (qui n'a, à ce jour, encore jamais été réalisée en Russie). Aussi, pendant son procès, fut-il accusé de ne pas être communiste. C'était peut-être la seule affirmation qui correspondait à la vérité.

Il voulut agir vite, peut-être trop vite.

Quelques jours plus tard, il limogeait deux mille agents sur trois mille appartenant à son administration, pour faire place à ses créatures. Comme plus tard Poutine, il voulait s'appuyer sur les services secrets pour faire avancer les réformes en Russie.

Toutefois, trop sûr de lui devant la faiblesse intellectuelle

1. Cité d'après GARF (Archives d'État de la Fédération de Russie).

des autres dirigeants soviétiques, il fit rapidement des faux pas [1].

Le premier fut d'approuver la nomination de Khrouchtchev au premier rang du Parti, à la place de son « ami » Malenkov. Désormais le puissant appareil du Parti n'allait plus être à sa disposition. Beria ne pouvait que s'en réjouir, et Malenkov lui reprocher de l'avoir trahi.

La seconde erreur, sans doute la plus déterminante, fut de s'aliéner l'armée. En avril 1953 Boulganine, ministre de la Défense, découvrit à son retour de Tchécoslovaquie un projet de réforme de l'armée inspiré de toute évidence par Beria, visant à « encourager un esprit nouveau » afin de diminuer l'influence politique au sein des troupes soviétiques. Il envisageait de limoger quelque trois mille maréchaux, généraux, colonels et commandants. Rien d'étonnant si en tête de liste se trouvait le nom de l'amiral Kouznetzov, celui qui avait mis la flotte en état d'alerte quand Beria avait pris possession de Moscou après la mort de Staline.

Les forces armées soviétiques pesaient lourd, et « le camarade Beria » eut tort de ne pas s'en rendre compte. Certes, Staline avait utilisé les purges pour décapiter le commandement militaire de l'URSS, dénonçant jusqu'à quel point l'armée était assujettie au pouvoir politique. Mais les temps avaient changé et Beria n'était pas le chef suprême.

Sa troisième erreur fut d'utiliser ses agents à l'étranger pour s'immiscer dans le domaine de la politique extérieure, chasse gardée de Molotov. Pourtant la grande offensive de paix de l'après-stalinisme fut menée par Beria et non par Molotov. Ce fut en effet lui qui conseilla à Mao Zedong de lâcher prise en Corée et d'y favoriser un règlement. Il

1. Ses adversaires ont minutieusement répertorié ses faux pas. Voir le dossier Jean Renald dans *Les Grandes Énigmes du Kremlin.* La Fondation internationale pour la démocratie a récemment publié le compte rendu non censuré du « procès Beria ». Voir bibliographie.

appela également Hô Chi Minh à renoncer au Laos, proie trop grosse pour le Viêt-nam. Il tendit la main à Tito afin de rétablir entre l'URSS et la Yougoslavie des liens d'amitié. Ce fut encore lui qui, on l'a vu, avant l'heure, pensa à la réunification de l'Allemagne.

Autre erreur en politique intérieure. Beria encouragea l'autonomie des républiques faisant partie de l'Union soviétique, insistant pour que les comités centraux de ces républiques choisissent leurs premiers secrétaires parmi les membres autochtones du Parti. Il adressa des notes en ce sens dans les États baltes et en Biélorussie. Le Comité central entérina ces nominations. Ainsi entra-t-il en conflit direct avec Khrouchtchev qui commença à penser que Beria travaillait insidieusement à la division du pays.

Ce fut Khrouchtchev, l'homme que Beria redoutait le moins, l'estimant trop occupé par les problèmes agricoles — sables mouvants du socialisme soviétique —, qui allait prêcher la révolte. Il donna l'exemple au Praesidium : chaque fois que Beria proposait un projet, il le contrait systématiquement.

Beria répliqua en en appelant à la légalité, mais Khrouchtchev orchestra une campagne de dénigrement auprès de ceux qui avaient des raisons de se détacher de son adversaire. Le ministre de la Défense, Boulganine, tendit une oreille prudente aux propos insidieux de Khrouchtchev, puis demanda à réfléchir. Le ministre des Affaires étrangères, Molotov, approuvait le nouveau chef du parti. Quant à Malenkov, il était hésitant. « Le temps est venu de résister, insista Khrouchtchev. À coup sûr tu dois te rendre compte que la position de Beria est une position antiparti. Nous ne devons pas accepter ses agissements ; nous devons le repousser. » Malenkov finit par se laisser convaincre de la nocivité de Beria et, quand il revit Khrouchtchev, il était prêt à s'opposer au ministre de l'Intérieur mais ne voulait pas être le seul à le faire. Son interlocuteur le rassura aussitôt : « Tu ne seras pas seul. Boulganine marche. Je marche.

Molotov suit et le maréchal Vorochilov n'attend que l'occasion. » Peu à peu, les membres du Praesidium s'accoutumèrent, en s'encourageant mutuellement, à ne plus s'incliner automatiquement devant Beria.

Celui-ci s'en rendit compte mais laissa faire, endormant ses ennemis en leur accordant des avantages mineurs tandis qu'il « aiguisait ses couteaux », selon le mot de Khrouchtchev.

Jusqu'au jour où ce dernier décida qu'il fallait relever Beria de ses fonctions de membre du Praesidium, de vice-président du Conseil et de ministre de l'Intérieur, recueillant, enfin, l'assentiment complet de Molotov qui déclara : « Beria est très dangereux, c'est pourquoi je crois que nous devons avoir recours à des mesures plus extrêmes... »

À dater de ce jour, les événements se précipitèrent. Il ne restait plus que Mikoïan à convaincre, le seul ami sur lequel Beria pouvait compter. Mikoïan reconnut les erreurs du ministre des Affaires intérieures, mais il demanda qu'on lui donne un avertissement et la chance de s'améliorer.

Les conjurés utilisèrent comme prétexte les événements que traversait alors l'empire pour déclencher leur offensive. En effet, depuis le 1er juin, des centaines d'ouvriers s'étaient insurgés en Tchécoslovaquie, tandis que dans le grand Nord de l'Union soviétique, à Norilsk, près de deux cent mille concentrationnaires avaient levé l'étendard de la révolte et qu'à Berlin-Est et à Dresde des manifestations se succédaient. Le maréchal Koniev, de Bohême, fit comprendre à Beria que ces émeutes auraient dû être étouffées dans l'œuf par ses services, bref qu'il avait « manqué de vigilance ». Une telle accusation, sous Staline, aurait conduit n'importe qui dans une cave de la Loubianka. En l'espèce, Beria fut seulement invité à venir s'entretenir de ces événements au siège du Praesidium au Kremlin. Le ministre de l'Intérieur, qui pouvait difficilement repousser l'invitation, s'y rendit sans méfiance, le 26 juin 1953.

Ce jour-là, portant sous le bras une serviette noire qui, dit-on par la suite, contenait un revolver, et accompagné comme à son habitude par ses gardes du corps, il fit son apparition au Kremlin. L'officier de garde, qui avait la consigne de veiller à ce qu'aucun visiteur ne soit armé, ne pria pas son propre chef d'ouvrir cette fameuse serviette, d'autant plus que le ministre était le seul personnage à ne pas être fouillé à l'intérieur du Kremlin.

Arrivé dans la salle de réunion, Beria posa sa serviette sur la table, à portée de la main, et, jetant un coup d'œil à la ronde, s'assit à côté de Khrouchtchev. À cet instant, Malenkov le fixa du regard puis, mal à l'aise, détourna les yeux. Molotov, quant à lui, resta imperturbable.

Malenkov prit la parole : « Discutons des affaires du Parti. Certains problèmes doivent être réglés sans retard. »

Un murmure d'approbation se fit entendre. Malenkov caressait du bout du doigt le bouton qui commandait une sonnerie installée dans une salle voisine où attendaient le maréchal Joukov et le général Moskalenko, entourés de quelques militaires parmi lesquels se trouvait le futur numéro un de l'Union soviétique, Leonid Brejnev. Khrouchtchev, premier secrétaire du Parti, la voix rauque, presque rageuse, ouvrit le débat : « On commence par étudier le cas Beria. » Celui-ci blêmit.

La réquisition suivit dans un silence où l'on n'entendait plus que la respiration de plus en plus haletante de l'accusé. Khrouchtchev rappela ce que leur avait dit un jour un vieux bolchevik : Beria était un agent anglais. Puis il examina chacune des erreurs qu'il avait accumulées depuis la mort de Staline, pour finir par le grief le plus grave : en s'ingérant dans les affaires de l'Ukraine, de Biélorussie et des États baltes, Beria avait compromis l'unité de l'Union soviétique.

L'inculpé ne dit mot. Il avait déjà été mis en accusation ici même, au cours d'une réunion du Praesidium. Mais en ce jour, l'attaque était plus grave. Khrouchtchev avait parlé en procureur, avec une passion inattendue, sans daigner jeter un œil sur l'accusé. Beria ressentit alors tout le mépris contenu dans sa déposition. Pis, il savait désormais que son accusateur était soutenu par les membres du Praesidium.

Quand il engagea le combat, le premier secrétaire savait qu'il allait l'emporter... Beria n'était pas assez vif pour riposter. Et puis il avait compris qu'on ne lui laisserait pas la possibilité de se défendre.

À la suite de Khrouchtchev, Molotov intervint, froid cinglant et rapide. Mikoïan parla le dernier. Si son jugement s'était aligné sur celui des autres, il estima toutefois que Beria allait accepter les critiques et s'améliorer. Son utilité dans la direction collégiale du pays était indiscutable. Il devait rester... Malenkov fuyait le regard de l'accusé. Après un instant de flottement, Khrouchtchev se leva pour la seconde fois. Il proposa que Beria soit « libéré » de ses fonctions.

Ainsi la redoutable éminence grise de Staline fut-elle destituée en moins de trente minutes.

On avait osé faire ce que Staline lui-même n'avait jamais fait. À un signal de Malenkov, la porte de la salle s'ouvrit en grand et des militaires apparurent. Beria voulut se lever, mais l'ordre de Malenkov, pourtant prononcé d'une voix faible, lui coupa les jambes : « Camarade, en ma qualité de président du Conseil des ministres de l'URSS, je vous ordonne de mettre Beria en état d'arrestation durant l'enquête que l'on va faire sur les accusations portées contre lui. »

Le général Batitski s'approcha, comme pour saisir un voleur. Beria, traqué, chercha à ouvrir sa serviette de cuir, mais Khrouchtchev lui immobilisa la main et tenta de la lui arracher.

Cette lutte sans merci prit un caractère de symbole : celui qui allait réussir à tenir la mallette allait détenir le pouvoir. Et Khrouchtchev l'emporta...

Il n'y a pas d'après

Le général Moskalenko dégaina son revolver : « Suivez-nous », dit-il sèchement. Livide, celui que Staline avait présenté à Roosevelt comme « notre Himmler », l'âme damnée du dictateur du Kremlin, prenait le chemin d'une geôle militaire. Une tempête effrayante se déchaînait à Moscou, des coups de tonnerre déchiraient le ciel. À cet instant les Soviétiques ignoraient qu'un autre orage, politique celui-là, allait gronder au Kremlin.

Lavrenti Pavlovitch Beria, maréchal, ministre de l'Intérieur et premier vice-président du Conseil, héros du Travail socialiste, décoré des cinq Ordres de Lénine, de l'Ordre de Souvorov de Ire classe, des Ordres du Drapeau rouge et des sept médailles de l'Union soviétique, n'assista pas, ce soir du 26 juin, à la représentation donnée au Bolchoï.

En grande tenue d'apparat, un sourire en pointillé sur les lèvres, Georgui Malenkov, tête d'affiche du nouveau gouvernement soviétique, se dressait comme un monument au milieu des membres pétrifiés du Praesidium. Le successeur de Staline semblait revigoré en compagnie des autres dirigeants de la vieille garde bolchevik qui se tenaient à l'arrière-plan. Quant à Nikita Khrouchtchev, récemment nommé premier secrétaire du Parti, il semblait vouloir passer inaperçu.

En cette soirée, coïncidence troublante, les rues de la capitale donnaient déjà des signes de fièvre. Il y régnait une atmosphère électrique contrastant étrangement avec la sérénité habituelle de Moscou à la tombée de la nuit. Des chars avaient pris des positions de combat aux carrefours stratégiques, certains visiblement prêts à ouvrir le feu à la moindre alerte. On se heurtait à eux dans la rue Gorki menant au Kremlin. Les voitures bleues et noires de la milice patrouillaient dans la ville.

Les jours passèrent et Beria ne réapparaissait toujours

pas. Si la population se réjouissait de sa « disparition », elle s'inquiétait de l'orientation que le nouveau maître du Kremlin allait réserver au pays. En effet, Malenkov n'était pas apprécié. Même s'il avait promis de développer l'industrie des biens de consommation, donc d'ouvrir une ère de bien-être, elle savait que la vieille garde stalinienne ne pourrait pas se maintenir au sommet sans violence.

De nos jours, on s'interroge encore sur la fin véritable de Beria. Officiellement, il est mort le 23 décembre 1953, tué par le général Batitski d'une balle dans la nuque à la suite d'« un procès » le condamnant à mort. Sergo, son fils, est, quant à lui, persuadé qu'il fut assassiné lors de son arrestation. Craignant qu'il n'utilise son arme contre Malenkov ou contre Khrouchtchev, le général d'aviation, plus rapide, l'aurait abattu.

Khrouchtchev, dans ses *Mémoires* bourrés de contradictions, laisse entendre que Beria avait été emmené par Malenkov au centre de la défense aérienne : « Une fois que nous nous étions emparés de sa personne, où le détenir ? On ne pouvait le confier au ministère des Affaires intérieures où il n'avait que des hommes à lui... Finalement, nous nous mîmes d'accord pour remettre le prisonnier au commandant de la défense aérienne, le général Moskalenko, qui le fit transférer par ses hommes dans un blockhaus de son QG. »

Jusqu'à la fin de sa vie, Khrouchtchev resta fier d'avoir liquidé Beria. Cherchant par tous les moyens à imposer sa version de l'histoire, il dénonça, certes, une partie des crimes du régime, mais lui en fit endosser l'entière responsabilité. Cette manipulation semble avoir réussi : les demandes de révision du procès de Beria ont été de nouveau récemment rejetées...

Khrouchtchev est donc sorti triomphant de cette épreuve de force l'opposant à Beria. Cependant sa démarche était marquée par de profondes contradictions. Certes, le 14 février 1956, au cours d'une séance à huis clos du XXe congrès du parti communiste, il projetait une lumière sur les crimes de Staline. Mais son but était de perpétuer la domination du parti communiste, clé de voûte du système stalinien, en s'appuyant sur la nomenklatura et ses privilèges, cette corporation fermée de pur caractère mafieux, réunissant de hauts dirigeants du Parti et du KGB.

Pouvait-il en être autrement compte tenu de son passé ? En effet, dès 1934, il avait été secrétaire du Comité central et premier secrétaire du Parti à Moscou.

Sous Khrouchtchev qui dirigea le pays jusqu'en 1964 et sous Brejnev qui lui succéda jusqu'en 1982, la nomenklatura se transforma en fraternité sélective de plus en plus sclérosée. Comme Staline, ces deux leaders s'appuyèrent sur un département du Comité central portant le tire anodin d'« Administration des affaires » qui s'occupait en réalité de gérer des fonds secrets et mettait à la disposition des privilégiés d'innombrables datchas de luxe, appartements, maisons de repos spéciales, etc. Les membres de cette corporation profitaient de multiples avantages attachés à leurs fonctions : luxueuses « cantines », logements de fonction, personnel domestique, limousines dont le plus beau fleuron était la Zil noire rappelant la Lincoln américaine avec ses sièges profonds, moquette épaisse et gadgets.

Mais ni le puissant appareil du PCUS, ni l'omniprésente police secrète ne purent rien pour empêcher le crépuscule du communisme.

Dans les années quatre-vingt, le système économique de l'URSS agonisait, la corruption généralisée avait engendré l'économie de l'ombre, l'idéologie défaillante masquait mal la démoralisation totale de la société.

L'architecte de la perestroïka

Quand je suis né à Moscou en 1950, Staline dirigeait encore le pays en maître absolu. Ma jeunesse se déroula sous Khrouchtchev avant que je ne devienne diplomate à l'époque de Brejnev. Plus tard, je me liai avec l'équipe de Gorbatchev, et en particulier avec Yakovlev, l'inspirateur de la perestroïka. Ses détracteurs ne se trompèrent d'ailleurs pas sur son rôle ; le KGB l'accusa d'être le « messager du mal », le vrai fossoyeur de l'URSS et même le chef d'un complot maçonnique mondial.

Les rapports Yakovlev-Gorbatchev rappellent l'alchimie mystérieuse qui lie le metteur en scène au premier rôle ou encore l'égérie à l'artiste.

Né en 1924, Alexandre Yakovlev avait suivi le chemin classique des hommes de sa génération. Officier des fusiliers marins pendant la Seconde Guerre mondiale, il fut blessé et en garda une légère claudication. Pour cette raison les diplomates français le surnommèrent le « diable boiteux », comme autrefois Talleyrand.

Dans les années cinquante, il étudia les sciences sociales, devint docteur d'État et entra en 1961 dans le monde de la haute nomenklatura où il gravit très vite les échelons pour devenir le personnage clé de la propagande du Comité central du PC.

En 1971, Yakovlev proposa à l'omnipotent et austère

gardien du temple communiste, Souslov, de nommer le jeune chef de la Fédération du parti communiste de Stavropol — un certain Mikhaïl Gorbatchev — au poste de chef du département idéologique du Comité central. Les grands pontes du Kremlin acceptèrent la proposition, mais Gorbatchev préféra rester vice-roi du Kremlin à Stavropol plutôt que de n'être qu'un subordonné à Moscou.

Au début des années soixante-dix, Yakovlev fit preuve d'audace en dénonçant l'influence exercée sur l'appareil par les nationalistes russes d'extrême droite. La sanction tomba immédiatement : il fut démis de ses fonctions et envoyé dans un exil « doré » comme ambassadeur au Canada où il demeura de 1972 à 1983.

Une rencontre fatidique

Les relations entre Yakovlev et Gorbatchev prirent une autre tournure en 1983, lors de la visite de ce dernier à Ottawa, alors qu'il était secrétaire du Comité central chargé de l'agriculture. À ce titre, il venait solliciter l'expérience des Canadiens dans ce domaine.

Une panne d'avion fut à l'origine d'un conciliabule impromptu qui allait se transformer en une véritable alliance politique. En effet, le jet du ministre canadien de l'Agriculture étant en retard, Yakovlev et Gorbatchev se retrouvèrent à battre la semelle en bordure des champs. Vêtus de manteaux gris et chapeautés de feutres, le visage rougi par un vent glacial, ils marchaient, ponctuant leur conversation de grands gestes. Les gardes du corps, destinés non seulement à protéger les dignitaires soviétiques, mais aussi à informer le KGB de ce qu'ils auraient pu entendre, se tenaient à distance respectable car il n'y avait pas de danger sur la piste.

Les minutes passèrent. Dix, vingt minutes, puis une heure... Soit le temps de tout se dire et de prononcer ces mots fatidiques qui allaient devenir les symboles de la politique réformiste : « *perestroïka* » (restructuration) et « *glasnost* » (transparence).

Le diagnostic des deux hommes était sévère : l'URSS allait à la catastrophe, et il fallait radicalement changer de cap. Mais ce réalisme cachait un espoir : les deux interlocuteurs étaient en effet persuadés qu'ils pouvaient donner une nouvelle vigueur à l'idée d'un « socialisme à visage humain ». Selon Gorbatchev, la perestroïka était la dernière chance de réconcilier les socialistes de l'Est et de l'Ouest et de rassembler les communistes réformateurs et sociaux-démocrates dans une sorte d'union de gauche à vocation internationale. Yakovlev allait plus loin, pensant que la perestroïka pouvait peut-être assurer la convergence entre les deux systèmes dans le contexte de la mondialisation et de l'interdépendance entre les nations. Dès lors, le futur tsar et son inspirateur devinrent inséparables.

Je ne peux pas me résoudre à présenter Alexandre Yakovlev comme un « homme de l'ombre » car ce qualificatif convient plutôt à ses adversaires du KGB, cette armée des ténèbres qui tétanisa le pays. En revanche, je le comparerai volontiers à un *starets.* Dostoïevski décrivait ainsi les *starets,* ces vieux sages de l'orthodoxie en quête de spiritualité absolue, qui vivaient en dehors de la hiérarchie ecclésiastique : « Celui qui prend la volonté d'autrui entre ses mains et le guide vers la lumière. »

Cependant, cette comparaison n'est pas tout à fait exacte car Yakovlev n'était pas un enfant de chœur. Et pour combattre l'empire totalitaire, il fut obligé d'agir en vrai manipulateur, en utilisant les mêmes méthodes occultes que ses adversaires politiques.

Quelques mois plus tard, les événements se précipitèrent. Sous la houlette de Youri Andropov, ex-chef du KGB, élu secrétaire général du PCUS, Gorbatchev devint le numéro deux du Parti en 1983.

Andropov était conscient qu'une crise économique,

sociale et morale gangrenait profondément dans le pays ; la croissance s'essoufflait, l'inflation s'installait et le budget militaire prélevait une part exorbitante du PNB. Un rapport secret du Gosplan avertissait que l'URSS risquait de ne plus être, en l'an 2000, qu'une puissance de second ordre, voire de rejoindre le tiers monde.

Il fallait donc prendre des mesures immédiates et Gorbatchev chargea Yakovlev d'y réfléchir. A cet effet, il le fit rentrer du Canada et le nomma à la tête d'un étrange centre scientifique, Imemo (Institut des relations internationales et de l'économie mondiale), avec mission d'en faire un laboratoire d'idées. Yakovlev mit alors un vaste réseau d'intellectuels à la disposition de l'étoile montante de la politique russe.

Cependant les dés n'étaient pas encore jetés, la situation à Moscou étant complexe. Si l'homme fort du moment, Andropov, voulait lui voir succéder son « filleul » (il le fit savoir à Gorbatchev par l'intermédiaire de sa femme), ses calculs furent déjoués car, à sa mort au début de l'année 1984, les vieux bonzes du Kremlin lui préférèrent le sénile brejnevien Constantin Tchernienko. Une fois encore, le pays allait être gouverné par un secrétaire général âgé et malade.

Prendre le château par le donjon

La faiblesse de Tchernienko attisa la lutte au sommet du Parti qui devint dès lors impitoyable. D'abord entre les deux plus jeunes membres du Politburo, Gorbatchev et son rival Gregory Romanov (ce dernier était chef du Comité régional de Leningrad, secrétaire du Parti responsable des industries militaires), mais aussi entre la vieille garde partisane de Brejnev et la nouvelle génération entrée au bureau politique sous le court règne d'Andropov.

Dans ce contexte, il fallait bien choisir ses alliés.

Gorbatchev ne s'y trompa point. Il l'emporta grâce au soutien d'une alliance insolite entre le KGB, l'armée et... l'intelligentsia !

Les deux premiers lui semblaient acquis : il était suffisamment lié avec la police politique grâce à Andropov, et avec l'armée grâce à son allié le maréchal Oustinov, homme fort du complexe militaro-industriel. En revanche, Yakovlev lui donna une ouverture inespérée dans les cercles de l'intelligentsia moscovite (ce dernier y avait toujours la cote à cause de ses attaques antinationalistes contre les mouvements néostaliniens animés par le journal de la jeunesse communiste, *La Jeune Garde*, qui empruntait à Staline ses rengaines patriotiques).

Il mit aussi à la disposition de son protecteur son art de l'intrigue appris pendant les années passées au Comité central, son expérience diplomatique et la connaissance des États-Unis acquise à l'université de Columbia à la fin des années cinquante. À travers la presse et la télévision américaine, cette nouvelle éminence grise du Kremlin avait compris toute l'importance des médias dans la manipulation politique. Aussi ajouta-t-il cette dimension au monde byzantin de Moscou.

Le réseau de Yakovlev fut très efficace à la veille des élections de Gorbatchev au poste de secrétaire général du PCUS en mars 1985.

Reconstituons les étapes de ce modelage de l'opinion publique. Je me souviens comment les partisans officieux des réformateurs transmettaient différents ragots aux diplomates occidentaux qui, à leur tour, les répercutaient à la presse internationale. Ces « informations » revenaient ensuite en URSS par l'intermédiaire des journaux et des radios étrangères. Ce fut le cas des bruits dépeignant Romanov abusant de ses prérogatives et brutalisant ses collaborateurs de Leningrad. Une autre anecdote décrivait les frasques de ce rival de Gorbatchev au musée de l'Ermitage de Leningrad : il aurait utilisé pour le repas de noces de sa fille l'inestimable service en porcelaine de Sèvres ayant appartenu à Catherine la Grande. (Le repas terminé, les invités ivres en auraient cassé plusieurs pièces.) Cette histoire mettait en exergue le nom du principal adversaire de Gorbatchev, homonyme des tsars de Russie. Le parallèle implicite avec les repas impériaux discrédita définitivement Gregory Romanov qu'on disait déjà décadent et hospitalisé « pour alcoolisme ». À l'époque Gorbatchev cherchait aussi un allié de poids pour s'assurer une victoire définitive. À cette fin, Yakovlev mena des négociations délicates pour lui garantir le soutien du puissant ministre des Affaires étrangères, Andreï Gromyko. Durant ces pourparlers auxquels était aussi associé le fils de ce dernier, Gromyko reçut l'assurance d'être nommé au poste de président du Soviet suprême d'URSS si Gorbatchev devenait le secrétaire général du PCUS.

Après la mort de Tchernienko, le Bureau politique se réunit le 11 mars 1985 pour choisir le nouveau maître du Kremlin. Respectant les termes du marché conclu avec Gorbatchev, Gromyko coupa court à tout débat. Comprenant que la partie était jouée, les autres « boyards » le suivirent et Mikhaïl Gorbatchev fut élu secrétaire général du Comité Central du PCUS.

Le lendemain, le patriarche de la diplomatie soviétique présenta son candidat à tout le pays comme « un homme affable doté d'une volonté de fer ».

L'ambition de Gorbatchev était d'enrayer le déclin de l'URSS en amorçant une dynamique de relance, la perestroïka visant un triple objectif : réduire les dépenses militaires grâce à une politique de détente internationale ; accroître la production par une mobilisation des ressources technologiques ; revivifier la société en lui donnant un langage de vérité. C'est au PCUS, parti dirigeant et seule force politique organisée comptant quelque dix-neuf millions de membres, que Gorbatchev allait réserver la conduite de cette politique.

Yakovlev entreprit de consolider l'emprise du nouveau secrétaire général sur les principaux centres de décision du pays, non sans faire une erreur qu'il m'a avouée récemment : « Nous avons voulu garder notre influence sur le Parti, oubliant le KGB, ce véritable État dans l'État, l'adversaire le plus dangereux des réformes. »

Cependant, je l'ai souvent entendu répéter : « Nous allons utiliser le PCUS, l'instrument de Staline, pour tuer le stalinisme, nous prendrons le château par le donjon. » Gorbatchev et Yakovlev entendaient par-là que cet outil privilégié était le Parti : « Il ne faut pas laisser ce monstre en liberté. »

La stratégie secrète de la perestroïka

Gorbatchev commença par purger le Politburo de ses ennemis déclarés, Romanov et autres représentants de la vieille garde. Il y fit entrer des amis sûrs, notamment Edouard Chevardnadze, qui prit le poste de ministre des Affaires étrangères, succédant à Gromyko. Yakovlev, quant à lui, fut nommé au Comité central avant de devenir membre du Bureau politique du PCUS pour s'occuper de l'idéologie et de la politique extérieure.

En même temps, Gorbatchev ménageait le KGB, soutien efficace dans la lutte pour le pouvoir suprême. Cette attitude donna lieu à une version des faits, propagée à la fois par les vétérans de cette institution et certains kremlinologues de l'Occident. Pour reprendre les termes d'Hélène Carrère d'Encausse (citée d'après son allocution au « Forum du futur », le 29 mars 2000) : « Le KGB en Russie, c'est comme l'ENA à Paris ; c'est au KGB que l'on formait les cadres de l'administration, c'est au KGB que l'on recrutait les gens les plus intelligents, c'est au KGB que l'on embauchait les plus diplômés. Il n'y avait pas d'autre école ; peu importe la partie espionnage que l'on connaît et qui n'a pas d'intérêt aujourd'hui. Le KGB était l'institution qui formait des cadres représentatifs. C'est comme ça qu'il faut le voir. »

Ainsi l'ancien vice-président du KGB, Filip Bobkov, autrefois spécialisé dans la lutte contre les dissidents, affirma-t-il que le KGB était « à l'origine de la perestroïka ». Et Vladimir Krioutchkov, ancien président du même KGB et animateur de putsch de 1991 d'ajouter : « Les organes de la sécurité de l'État furent les premiers, et bien avant 1985, à lancer une formule devenue par la suite un lieu commun : " On ne peut plus vivre ainsi ! " »

Selon Yakovlev [1], il existait deux projets de réformes inconciliables : le sien, radical, prévoyant la sortie du communisme ; celui du KGB, allié au complexe militaro-industriel, visant à sauver le système totalitaire par une reprise nationaliste de l'appareil de production (groupe qu'on peut qualifier de « modernisation autoritaire »).

Les mêmes kagébistes accusent Yakovlev d'avoir « hypnotisé » Gorbatchev ou d'avoir agi à l'improviste sans plan élaboré. Si l'on se réfère aux archives, qui constituent toujours le meilleur moyen de départager les thèses en présence, on comprend que la note datant du 6 décembre 1985 adressée par Yakovlev à Gorbatchev fixait un système d'action cohérent à la stratégie de la perestroïka. Dans le domaine politique, Yakovlev préconisait une transformation totale du système. Son but n'était pas de préserver le communisme, mais au contraire de sauver le pays d'un chaos sanglant inévitable s'il n'arrivait pas à sortir du système totalitaire.

Ce plan prévoyait des élections libres, le multipartisme, l'introduction de la liberté de la presse et du parlementa-

1. Entretien avec l'auteur le 6 novembre 1999.

risme, l'indépendance des juges [1]. Les idées y étaient plus vagues en matière économique, grand point d'interrogation de la pensée de la perestroïka. Néanmoins, il proposait d'en finir avec le monopole d'État du commerce extérieur et de donner beaucoup plus d'indépendance aux entreprises dans le cadre de l'économie de marché. (Il existait même la proposition, qui paraît aujourd'hui saugrenue, de faire élire les chefs d'entreprise par leurs collaborateurs, considérant cela comme l'expression de la démocratie.)

Au total, le bien, le droit à la liberté de l'esprit, la démocratie, la morale et la nature formaient la colonne vertébrale de la nouvelle pensée politique. Cet idéalisme affiché consciemment marquait une rupture avec le réalisme des hommes d'État du temps de la guerre froide. Il se rapprochait plutôt des penseurs religieux ou, comme disait le KGB, « des valeurs franc-maçonnes ».

N'ayant pas la possibilité de s'appuyer sur une classe moyenne de petits propriétaires (comme le firent certains pays européens au XIXe, à l'orée du capitalisme), l'architecte des réformes proposa une construction intellectuelle sophistiquée mettant en exergue la bataille opposant « les forces du progrès aux conservateurs ». Ce faisant, Yakovlev occultait les réels clivages de la société soviétique en essayant de faire oublier à la population les gigantesques problèmes nationaux, sociaux et économiques qu'elle rencontrait.

Pour initier ce projet de réformes, dès 1986, Yakovlev lança un appel à l'intelligentsia, entamant ainsi la politique de *glasnost* (transparence). L'intelligentsia se ressourçant à la morale d'avant la révolution insista de nouveau sur sa responsabilité éthique. Les dissidents se virent alors reconnus ; Andreï Sakharov fut autorisé à quitter son exil de Gorki, les prisonniers politiques furent libérés des camps et des hôpitaux psychiatriques, Alexandre Soljenitsyne fut

1. A. Yakovlev, *Gorkaïa Tchacha*, Yaroslavl, 1994.

réhabilité et publié, les émigrés autorisés à rentrer en URSS.

Ensuite, Yakovlev proposa à Gorbatchev de renouer avec le pape. En effet, il était persuadé qu'il fallait trouver un nouveau terrain d'entente avec le Saint-Siège, « à base de valeurs universelles », lesquelles lui paraissaient supérieures à celles de la lutte des classes.

Jean-Paul II joua un rôle considérable dans l'évolution de la pensée gorbatchévienne, surtout en ce qui concerne la Pologne. Lorsque j'ai demandé à Yakovlev si Gorbatchev avait sincèrement défendu ces idées, il m'a répondu froidement : « Gorbatchev mentait et le vieux Reagan le croyait. Gorbatchev mentait et Mitterrand, le plus malin de tous, le croyait également. Il mentait cependant si bien qu'il a fini par croire à ses propres mensonges [1]... »

Les débats entre les deux hommes devinrent de plus en plus virulents et inconciliables. Gorbatchev pensait toujours instaurer un nouveau système selon les recettes des réformateurs tchèques du Printemps de Prague de 1968, tandis que Yakovlev, du moins à partir de 1987, persuadé que le totalitarisme soviétique était irréformable, préconisait sa destruction.

Gorbatchev continuait à jouer sur tous les tableaux, incarnant à la fois le symbole de la réforme tout en demeurant le chef de la nomenklatura. En réalité il essayait de contrôler, sinon de manipuler, les représentants de deux tendances inconciliables de son entourage.

Dans cet esprit, il organisa en 1987 plusieurs rencontres entre son principal conseiller, Yakovlev, et le patron du KGB, Tchebrikov, afin que les deux hommes puissent se

1. Ces mots, prononcés pendant les événements dramatiques de l'été 1991, reflétaient l'irritation de mon interlocuteur devant la compromission incessante de Gorbatchev avec le KGB et les conservateurs du Parti. Dans d'autres entretiens, Yakovlev est beaucoup plus indulgent envers l'ancien président de l'URSS.

parler d'une manière « informelle ». Tchebrikov dévoila alors certains détails concernant la collaboration des dissidents soviétiques avec ses services secrets, espérant sans doute ainsi gâcher les relations de Yakovlev avec ces derniers qui commençaient à soutenir Boris Eltsine, devenu en 1987 le leader de l'opposition démocratique.

Mais les événements allaient prendre une autre tournure. En effet, Tchebrikov, malade, fut contraint de prendre sa retraite. Dans ce contexte, Yakovlev reconnaît avoir commis une erreur capitale : proposer la candidature de Vladimir Krioutchkov au poste de président du KGB.

Loin d'être un idéologue de premier plan, cet ancien patron des renseignements extérieurs soviétiques devait sa carrière à Youri Andropov. C'était un apparatchik plutôt terne mais travailleur, ayant su séduire les réformateurs par ses prises de position inattendues en faveur de la sociale-démocratie.

Krioutchkov avait été marqué par les événements de 1956 à Budapest, quand, sous l'instigation d'Andropov, alors ambassadeur en Hongrie, l'Union soviétique avait utilisé la manière forte pour écraser les velléités d'indépendance de ce pays. Plus tard, en 1968, il effectua des allers et retours à Prague lors de l'intervention soviétique, supervisa l'action des commandos du KGB à Kaboul en 1978. Il était également présent lorsque le général Jaruzelski proclama l'état d'urgence en Pologne en 1981. Bref, une longue expérience d'intrigues et de situations d'exception.

Les généraux du KGB n'avaient cependant pas un grand respect professionnel à son égard. « Du début à la fin, il est resté un administrateur et un fonctionnaire du Parti, disait-on. Il n'était qu'un protégé d'Andropov, remarqué par Gorbatchev au cours d'un voyage aux États-Unis. »

La rupture

1987 fut une année charnière pour Yakovlev. Gorbatchev hésitait toujours à donner le feu vert aux réformes permettant la privatisation des entreprises et à de véritables mesures ouvrant la voie à l'économie de marché. En fait, il concentrait toute son énergie sur le renforcement de son pouvoir.

Dans le domaine politique, les choses n'allaient pas encore si mal. Si l'arrivée au pouvoir de Mikhaïl Gorbatchev n'avait rien changé à la vie matérielle des Soviétiques, elle était à l'origine d'un événement aux conséquences majeures : la mort du soviétisme. Car, de la peur et de l'idéologie, piliers du système, aucun ne subsistait. Ne restait plus que l'incertain bouillonnement des périodes de transition. Au bout de deux années de perestroïka, quelques milliers de jeunes seulement avaient osé s'organiser à visage découvert au sein de clubs « informels » pour dire ce qu'ils pensaient. Le phénomène restait encore marginal. Même les intellectuels de Moscou se refusaient d'y participer pour ne pas risquer le retour de la répression.

Pour donner une nouvelle dynamique aux réformes, Yakovlev imagina la plus simple des solutions : des élections législatives à candidatures multiples, ce qui eut pour conséquence de modifier les rapports entre gouvernants et gouvernés.

Le nouveau parlement soviétique comptait plus d'une personnalité dans ses rangs, décidée à se faire entendre et à faire partie du Soviet suprême. Mais les discussions battaient aussi leur plein au sommet du Parti. C'était la première fois depuis la fin des années 1920 que les dirigeants réformateurs, Yakovlev en tête, et les conservateurs du Parti s'affrontaient publiquement par voie de presse, appelant à la rescousse les « spectateurs ».

Dans cette bataille, les réformateurs semblaient sortir

vainqueurs d'une tentative de déstabilisation lancée par le chef de file des conservateurs communistes Ligatchev [1].

Contrairement à la pratique usuelle, le KGB n'avait pas jugé bon de prévenir Gorbatchev que cette offensive se préparait, si bien que, devenu méfiant, Yakovlev incita les médias à critiquer les manœuvres du KGB. Krioutchkov devint alors la cible d'attaques particulièrement virulentes de la part de la presse réformatrice et l'homme à abattre, notamment par son ex-collègue, le général Kalouguine, ancien chef du contre-espionnage soviétique, qui demanda publiquement à plusieurs reprises la démission du chef de la police politique [2].

À son tour, Krioutchkov prépara sa riposte. Dès qu'il avait été nommé à la tête du KGB, il avait créé un nouveau service, le « Département analytique ». Officiellement, il s'agissait de montrer qu'il était capable de moderniser les services de renseignements. En vérité, sous la direction du général Leonov, ce département devint une véritable machine de guerre contre l'opposition démocratique. Une arme aussi pour les dirigeants russes pro-elsiniens et, avant tout, un instrument pour discréditer Alexandre Yakovlev. En effet, ce département était chargé de propager de fausses nouvelles, notamment sur les activités de ce dernier au sein du mouvement démocratique. Krioutchkov ordonna également aux sections économiques de constituer des dossiers sur les nouveaux millionnaires de la perestroïka, les entrepreneurs qui tentaient de conquérir leur autonomie à travers le maquis des lois et des décrets de l'État. Ainsi des

1. C'était en mars 1987 à propos d'un article présentant le manifeste des néostaliniens publié dans la presse sous le nom d'un professeur de l'université de Saint-Pétersbourg, Nina Andreïeva.

2. Yakovlev avait fait la connaissance de Kalouguine à la fin des années cinquante, alors qu'ils étaient tous les deux stagiaires de l'université de Columbia aux États-Unis. Depuis, ils avaient gardé des relations amicales.

« super » inspecteurs kagébistes furent-ils autorisés à perquisitionner sans mandat dans les bureaux des sociétés soviétiques et occidentales.

En pleine euphorie de « Gorbimania » en Occident, alors que Stockholm couronnait le président soviétique du prix Nobel de la paix, une autre controverse plus grave encore allait opposer Yakovlev et Krioutchkov à propos de la politique étrangère.

Le dossier le plus épineux du moment concernait les pays d'Europe centrale. Comme aux premières heures de la perestroïka, Yakovlev continuait à mettre ses adversaires devant le fait accompli. Ainsi fit-il à propos de l'Europe centrale en mettant une croix sur les confins de l'empire central et en acceptant définitivement le droit des peuples à disposer d'eux-mêmes. L'architecte des réformes proposait un schéma de base simple, mais convaincant : « Il faut essayer de consolider en rénovant. »

La crise polonaise de janvier 1989 se développa avec pour toile de fond cette épreuve de force entre Yakovlev et le chef du KGB. Certes, tous les deux partageaient le même diagnostic sur la situation, mais divergeaient sur les moyens de résoudre le problème. Huit ans après la prise du pouvoir par les généraux, Varsovie frôlait le chaos politique et économique. L'état de guerre introduit en Pologne ne régla cependant rien, les grèves se multipliant à travers tout le pays. Les militaires polonais envisagèrent donc de frapper, comme en 1981. Mais le général Jaruzelki s'opposa à l'utilisation de la force et proposa de conclure une sorte de contrat social à la polonaise, donnant davantage de pouvoir à Solidarnosc.

Les discussions autour de la Pologne reflétaient le processus type de prise de décision au sommet durant les années Gorbatchev. Généralement, les délibérations étaient menées dans le fameux salon décoré de boiseries de noyer jouxtant le bureau du président soviétique. Quatre ou cinq personnes y participaient : Gorbatchev, Krioutchkov, le ministre de la

Défense Yazov, Yakovlev et Chevardnadze. Les deux derniers faisaient habituellement bloc, tandis que Gorbatchev jouait le rôle de « vrai faux arbitre », même si souvent il s'entendait préalablement avec ceux-ci, surtout en matière de politique extérieure. Il apparaissait aussi de temps à autre entre Chevardnadze et Yakovlev des divergences de tactique, car ce dernier pensait que le retrait soviétique de l'Europe centrale devrait être accompagné par l'engagement ferme de la part des Occidentaux de faire entrer Moscou dans l'ensemble des organismes internationaux, notamment financiers.

Les Polonais restaient en contact permanent avec Moscou. Désormais, le message de Yakovlev était clair : de Prague à Varsovie, il fallait en finir avec l'époque où l'URSS s'arrogeait le droit d'intervenir. Sa logique était déterminée par des considérations de politique intérieure : l'utilisation de la force aurait été fatale à la perestroïka, ce qu'il exprimait de la manière suivante : « Nous ne pouvons pas recourir à la force car cela signifierait la fin des réformes. »

Fin août 1989, onze ans après l'intervention soviétique à Prague, le Kremlin fut confronté à un choix définitif. À la surprise générale, Solidarnosc avait remporté la victoire sur les communistes au premier tour des élections. Les communistes devaient donc quitter le pouvoir, mais comment faire sans le feu vert de l'URSS ? Yakovlev suggéra à Gorbatchev de prendre l'initiative de rassurer Varsovie, ce que ce dernier fit le 22 août, en lançant ces quelques mots au Premier ministre polonais Mieszyslaw Rakowski : « Il faut que tu te résignes à la nouvelle donne. Tu dois faire avec. »

Ainsi, en quelques minutes, la doctrine de Brejnev de souveraineté limitée était-elle enterrée. Le premier gouvernement non communiste de l'après-guerre fut constitué en Pologne, avec la nomination d'un militant catholique de Solidarnosc à sa tête.

La réunification de l'Allemagne représentait un deuxième

sujet de confrontation avec le KGB et les conservateurs du parti. Ce qui n'a rien d'étonnant puisque, deux ans auparavant, Yakovlev déclarait (devant plusieurs témoins, dont moi-même) que la réunification en Allemagne était inévitable. D'ailleurs, le président du KGB, Krioutchkov, confirme dans ses *Mémoires* que les services secrets soviétiques eurent vent de cette position : avant la chute du mur de Berlin, Yakovlev se rendit en RDA et testa confidentiellement auprès de ses interlocuteurs « si la réunification n'était pas la solution à la stabilité en Europe ».

Les événements se précipitèrent lors de la visite de Gorbatchev à Berlin-Est, à l'occasion du quarantième anniversaire de la République démocratique allemande. La population acclama le président soviétique, au détriment du vieux chef est-allemand, Honneker. À son retour Gorbatchev signifia à Yakovlev la nécessité de choisir un successeur à « ce vieux stalinien ». Peu de temps après, Krenz prenait la place.

En automne 1989, le chef du KGB n'avait de cesse d'alerter Gorbatchev des suites de l'évolution de la situation en RDA, défavorable aux intérêts de l'URSS. Une fois encore, Yakovlev, soutenu par son ami le ministre des Affaires étrangères Chevardnadze, tint bon.

Ils exposèrent clairement la conjoncture : « Il n'y a pas d'alternative à la réunification car, dans le cas contraire, il faudrait utiliser les forces armées soviétiques, et les réformateurs, déjà en perte de vitesse, deviendraient les otages des militaires et du KGB. »

Cette analyse allait déterminer l'attitude de Kremlin lorsque, dans la nuit du 8 au 9 novembre 1989, les Allemands de l'Est commencèrent à franchir le mur. À ce moment-là, l'ambassadeur soviétique téléphona plusieurs fois à Moscou et, à chaque coup de fil, il entendait la même réponse laconique : « Ne bougez pas ! » Affolé, il demanda la confirmation écrite des positions du Kremlin et reçut du ministère des Affaires étrangères le télégramme suivant : « Ce n'est pas de notre ressort. Il s'agit des relations interallemandes. »

Pour les conservateurs, cette affaire fut la goutte d'eau qui fit déborder le vase. Aussi décidèrent-ils de passer à l'offensive. Durant les années 1989-1990, Krioutchkov fit monter les enchères. Lors de ses conversations privées avec Gorbatchev, il visait de plus en plus souvent nommément Yakovlev. Son prédécesseur lui avait pourtant conseillé de ne pas s'y brûler les doigts : « Gorbatchev et Yakovlev, c'est la même chose. »

Faisant fi de ces recommandations, il laissa entendre que Yakovlev avait eu, à la fin des années cinquante à Columbia, des contacts « non contrôlés » avec les Américains, selon des sources sûres — évidemment anonymes... Autrement dit, l'éminence grise du Kremlin aurait été un vulgaire espion et, comme le proclame aujourd'hui la presse communiste russe, aurait « inventé la perestroïka mandaté par la CIA ».

L'ultime bataille

Le président du KGB décida alors de porter un coup fatal au chef de file des réformateurs.

En cette soirée de décembre 1989, dans le bureau de Gorbatchev, il pensait bien jouer. En exposant son dossier, le chef la police politique suggéra tout de go de mettre sur écoute le numéro deux du pays, ajoutant qu'il pourrait également faire surveiller toutes ses activités par ses agents.

D'après les *Mémoires* de Krioutchkov, Gorbatchev, nerveux, marchait de long en large. Préférant louvoyer, il proposa ceci : « Écoute [1], Vladimir pourquoi ne vas-tu pas parler en tête à tête avec Alexandre ? »

1. Gorbatchev avait pour habitude de tutoyer ses collaborateurs qui, eux, le vouvoyaient.

Krioutchkov n'obtint donc pas gain de cause et s'en retourna dépité, se remémorant les mots de son prédécesseur... Désormais la rupture était consommée, et l'intention du KGB n'était plus seulement de briser l'amitié liant Gorbatchev à Yakovlev, mais aussi d'éliminer le premier du pouvoir.

Aux dires mêmes de Krioutchkov, il ne s'agissait bien entendu pas de le faire disparaître physiquement : « L'idée ne nous est même pas venue à l'esprit. Nous voulions proposer à Gorbatchev d'abandonner ses fonctions pendant quelque temps pour des raisons de santé et déléguer provisoirement le pouvoir à ses collaborateurs directs [1]. »

Devant le refus de Gorbatchev, Krioutchkov organisa une nouvelle tentative d'intoxication minutieusement préparée par le KGB. C'est ainsi qu'à l'occasion des fêtes du 1er mai 1990, le secrétaire général fut hué par la foule massée sur la place Rouge. Au demeurant, cette foule était assez clairsemée, plusieurs des mouvements de l'opposition ayant décidé de boycotter le meeting de la fête du Travail. Lorsque les manifestants réformateurs, mais également les anarchistes et les anticommunistes parvinrent à s'engouffrer sur la place Rouge, ils brandirent à la tête de Gorbatchev l'image du Christ, face aux immenses portraits de Lénine, au point que le secrétaire général dut quitter la tribune du mausolée de Lénine.

Les dirigeants de l'opposition [2] reconnaissent avoir fait une erreur en appelant leurs militants à participer à ce défilé : « Nous avons bien vu que le KGB infiltrait, sans doute au plus haut niveau, notre coordination du mouvement démocratique, et nous nous sommes demandé si les organes n'avaient pas monté une provocation de toute pièce pour impressionner Gorbatchev. » La télévision n'ayant pas hésité à diffuser la manifestation, la position de

1. Cité d'après ses *Mémoires*. Voir bibliographie.
2. Entretien de l'auteur avec Oleg Orlov le 6 août 1991.

ce dernier s'en trouva fragilisée. En effet, dès le lendemain, la rumeur courut que les opposants de l'Union des électeurs moscovites s'apprêtaient à lancer six cents personnes à l'assaut du Kremlin. Yakovlev est formel : il s'agissait en réalité d'une fausse information répandue par Krioutchkov dans le but de déstabiliser Gorbatchev.

Nous connaissons mieux maintenant les manipulations du KGB dont les mensonges provenaient aussi bien des services secrets que de la Fédération du parti de Moscou. Un agent des services secrets prétendit même avoir assisté à une réunion du mouvement des réformes démocratiques présidé par Yakovlev et fit transmettre à Gorbatchev son rapport ainsi intitulé : « Trouver des échelles de corde et des crochets pour attaquer le Kremlin. »

À la lecture du compte rendu, Gorbatchev s'en inquiéta devant Yakovlev, lequel, ne manquant pas d'humour, lui répondit que, face à la « pénurie de cordes et de crochets dans le pays, il serait très difficile de s'en procurer ». Il n'en demeure pas moins qu'abreuvé par ce genre de désinformations, le président se trouvait de plus en plus coupé de la réalité. Comme les grands tsars mythiques de la Russie éternelle, il était hanté par la peur. Ses appréhensions frôlaient parfois le grotesque. Il pensait par exemple que la demeure présidentielle allait être prise d'assaut par les militants démocratiques ou encore ses petites filles enlevées. En même temps et paradoxalement, le président ne percevait pas alors le changement d'attitude du KGB.

L'heure de vérité aurait pu sonner pendant cette terrible nuit du 30 août 1990, un an avant le putsch. Une pluie froide tombait sur Moscou, et il semblait que l'été s'en était allé pour ne plus revenir. La ville était boueuse et sombre, les rues brillaient d'un éclat humide. Après des mois d'hésitations, Gorbatchev se disait enfin résolu à lancer son pays sur la voie de l'économie de marché.

Il était temps : combien de fois, lors de leurs conversations tardives, Yakovlev l'avait-il prévenu que la crise économique était le plus grand danger pour les réformes ? « Les casseroles vides sont plus néfastes que n'importe quelle tentative de coup d'État. » Finalement il parvint à convaincre son poulain de dire oui aux économistes réformateurs.

Gregory Yavlinski, jeune économiste en vogue à l'époque, coqueluche des milieux universitaires américains, contribua à la rédaction d'un projet qui devait entrer dans l'histoire sous le nom de « Programme des cinq cents jours ». Mais il se heurta tout de suite aux barons de l'économie soviétique qui refusaient d'entendre parler de privatisation généralisée.

Malgré une série d'allers et retours dont Mikhaïl Gorbatchev était coutumier, il semblait cette fois-là s'engager sur la voie des réformes. Il promit même de changer le système et de remettre son mandat en jeu en instaurant le suffrage universel. À l'époque, il aurait pu l'emporter puisque ses positions avaient été renforcées par la confirmation de son poste de secrétaire général lors du 27e congrès du Parti au début de l'été 1990.

Cependant, il lui fallait agir vite, car il était de plus en plus chahuté par l'opposition réformatrice. Boris Eltsine, élu président du Parlement russe, avait déjà rendu sa carte du Parti et se prononçait pour des changements radicaux. En même temps, la perspective d'une restauration du capitalisme provoquait une mobilisation générale des fonctionnaires et de la machine gouvernementale animée par le KGB.

À peine Gorbatchev avait-il accepté cette perspective, qu'il fut convoqué pendant la nuit du 30 août 1990 par « ses amis » du Comité central et du Bureau politique. Il lui fut signifié qu'il devait choisir son camp : « Vous voulez changer le Premier ministre Rijkov ? Qu'il démissionne ou qu'il soit démis de ses fonctions, vous serez le prochain sur la liste. »

Gorbatchev louvoya de nouveau : « Il eut alors l'idée stupide de vouloir réunir les programmes réformateur et conservateur », me confia Yakovlev, stupéfait du revirement de son poulain, tantôt prêt à aller beaucoup plus loin, tantôt à reculer sous la pression des nostalgiques du régime soviétique. Selon Youri Rijov[1], figure démocratique de l'époque, plus tard ambassadeur à Paris, le putsch se préparait déjà.

En renvoyant aux calendes grecques la vraie réforme de l'économie, le chef du Kremlin a peut-être retardé l'échéance fatidique. Mais que se serait-il passé si, au lieu d'écouter les Cassandres de la réaction, il s'était alors engagé dans l'économie de marché ?

Selon Yakovlev, Gorbatchev, à ce moment, manqua encore l'occasion de rompre avec le passé, ce qui n'empêcha pas le premier de rester fidèle au second. Ce début du mois de septembre 1990 fut marqué par des rumeurs inquiétantes faisant état de mouvements de troupes aux abords de la capitale. Les taupes de Yakovlev au KGB, car celui-ci, lui aussi, en avait, confirmèrent que ces manœuvres étaient menées de concert avec les services secrets. Plusieurs de ses proches virent en effet le 10 septembre les divisions de parachutistes affluer de Riazan, dans les environs de Moscou. Le ministère de la Défense, contraint de rendre compte de ces mouvements au chef de l'État, prétendit que les soldats avaient été acheminés là pour « aider à la récolte des pommes de terre » ! Seule ombre au tableau : ils étaient armés jusqu'aux dents... Les Moscovites se souviennent encore de cet épisode appelé les « patates en réforme ».

À partir de ce moment, les rapports entre Yakovlev et le président se dégradèrent. Le bureau d'Alexandre au Kremlin devint un placard doré, d'autant que son ami Chevardnadze, le ministre des Affaires étrangères, n'était plus là depuis sa démission de la fin de l'année 1990 et que beaucoup de ses alliés avaient perdu leur influence.

1. Entretien avec l'auteur le 12 octobre 1991.

En réalité, Gorbatchev travaillait de plus en plus avec les adversaires de la réforme. Yakovlev s'est toujours demandé si cette attitude était déterminée par des considérations tactiques ou par un changement de stratégie du chef de l'État. Pour sa part, il constatait que la voie était libre pour les conservateurs désirant renverser le cours de l'histoire en provoquant le chaos au sein de l'empire. Derrière ces événements se profilait toujours la main du KGB dirigée par son adversaire, Krioutchkov.

Déjà, en avril 1989, à Tbilissi, les troupes spéciales du régime avaient réprimé violemment une manifestation indépendantiste. Quelques mois plus tard, en janvier 1990, l'Armée rouge était intervenue à Bakou, capitale azérie, pour mettre fin au pogrom arménien et surtout à une flambée de sécession en Azerbaïdjan.

Les positions de Gorbatchev et de Yakovlev face à ces événements divergeaient totalement, puisque le président de l'URSS était l'instigateur de ces répressions, tandis que Yakovlev entretenait des rapports privilégiés avec les nationalistes, les considérant comme alliés des réformistes russes.

Le 7 janvier 1991, Yakovlev fut réveillé par un coup de fil affolé de ses amis intellectuels réformateurs du journal *Les Nouvelles de Moscou* : les bérets bleus étaient sur le point d'intervenir contre les nationalistes baltes. En effet, ce jour-là, les parachutistes du ministère de l'Intérieur, le MVD, firent plus de dix morts et cent blessés en s'emparant de la tour de télévision de Vilnius, la capitale lituanienne. Un scénario identique, moins violent mais tout aussi grave, se déroula en Lettonie. Par ailleurs, la constitution de comités nationaux dans les républiques baltes fut perçue à l'époque comme une manipulation inspirée et organisée par le KGB. Il s'agissait en fait de répétitions grandeur nature des plans appliqués à l'échelle de l'Union soviétique, plans approuvés par Gorbatchev qui n'a d'ailleurs jamais sanctionné les responsables.

Pour Yakovlev, le drame de Vilnius signifiait la mort de

la perestroïka. Aussi encouragea-t-il *Les Nouvelles de Moscou* à fustiger avec une violence jamais atteinte pour ce journal qui fut le porte-parole des réformes les crimes de ce régime, avec pour résultat que beaucoup de ses amis déchirèrent leur carte et démissionnèrent du Parti.

La rupture était désormais consommée entre le chef du Kremlin et les réformateurs, ceux-ci considérant Gorbatchev comme l'otage du KGB.

Boris Eltsine lui aussi ne mâcha pas ses mots. Le 19 février 1991, en direct à la télévision, il accusa le président d'avoir « trompé le peuple et conduit le pays à la dictature » et demanda sa « démission immédiate ». Poursuivant son réquisitoire, dans la rue cette fois, il fut ovationné le 10 mars lors d'une manifestation qui mobilisa 300 000 personnes en faveur des mineurs en grève, après avoir déclaré que « Gorbatchev mentait sans cesse » et qu'il fallait « déclarer la guerre à la direction soviétique ». Face au double jeu constant de son poulain, puis à son engagement de plus en plus évident aux côtés des conservateurs, Yakovlev adopta une attitude étrange vis-à-vis de Gorbatchev, l'accablant certes, mais ne parvenant pas à s'en séparer. Encore une énigme psychologique...

Aujourd'hui, il reconnaît son erreur, déclarant qu'il fallait pousser Gorbatchev à rompre avec le KGB et, en cas de refus, rompre avec lui. En même temps, avec sa franchise légendaire, Yakovlev est conscient qu'il a subi « une étrange soumission, presque romantique » à l'égard d'un homme qui, malgré ses propos, refusait à l'époque de provoquer un choc salutaire pour le pays en brisant ses liens avec le KGB et les conservateurs du parti.

Si, aujourd'hui, Yakovlev fait son *mea culpa*, Gorbatchev, lui, continue à se justifier, persuadé qu'un coup d'État se serait immédiatement produit s'il avait brisé avec le KGB pour la simple raison que la structure du Parti demeurait le seul facteur de stabilisation et de gestion, surtout en province.

Quoi qu'il en soit, que dire de tant de chances manquées pour cet homme qui aurait pu devenir le Pierre le Grand du XXe siècle et faire sortir le pays du marasme dans lequel il se trouvait depuis des décennies ? Mais on ne refait pas l'Histoire. N'a-t-il pas fait plus en en finissant avec la guerre froide ?

Pour l'heure, au début de l'année 1991, le KGB agissait subtilement pour marginaliser les réformateurs. C'est ainsi que le noyau dur du Parti, infiltré par les services secrets, tenta de renverser la situation à son profit : puisque le secrétaire général ne remplissait plus la mission confiée par le Bureau politique en 1985, le Comité central allait démissionner, du moins le faire croire.

La séance de la réunion du Comité central du mois d'avril 1991 fut houleuse. Après avoir été traîné dans la boue par l'opposition démocratique, Gorbatchev reçut une bordée d'injures de la part des communistes orthodoxes lui reprochant sa dérive sociale-démocrate. Les dogmatiques l'accusaient d'avoir mis à pied d'œuvre les réformateurs d'un compromis historique à la moscovite, de brader l'héritage de la révolution d'Octobre et de favoriser la désintégration de l'URSS. Le secrétaire général écouta longuement sans sourciller puis se leva et, rouge de colère, lança à l'assemblée des barons du régime : « J'en ai assez, je démissionne. » Stupeur dans la salle. Le gorbatchévien Andreï Gratchev, membre du Comité central, appela les réformateurs à soutenir l'homme de la perestroïka. Ceux-ci se levèrent dans un tollé et menacèrent de quitter la séance si Gorbatchev ne restait pas aux commandes, renversant de justesse la situation.

Le secrétaire général fut alors confirmé dans ses fonctions par un vote massif. Paradoxalement, aujourd'hui, Yakovlev regrette que son poulain n'ait pas été mis en minorité. Il aurait ainsi été contraint de rompre avec le clan communiste et avec son passé d'apparatchik qui lui collait à la peau.

Pour Yakovlev, cette réunion fut un signal d'alarme et, pour Gorbatchev, la dernière occasion de provoquer la reddition du Parti, par conséquent un tournant salutaire.

Une nouvelle confrontation aurait pu avoir lieu au cours de la séance de juillet, mais il n'en fut rien. Les ultras du Parti adoptèrent profil bas : ils avaient d'ores et déjà choisi la voie du putsch. Ce silence de leur part, ce calme avant la tempête n'empêcha pas pour autant les intrigues destinées à déstabiliser les proches du président.

Parallèlement, l'animosité du KGB à l'égard des réformateurs se renforçait. Durant le printemps de 1991, Yakovlev et le président évoquèrent la possibilité d'effectuer quelques remaniements ministériels, Gorbatchev exprimant notamment le souhait de se séparer de son Premier ministre Pavlov qui, en 1990, avait pris la place de Rijkov. Une session à huis clos du Parlement soviétique, le 21 juin, accélérera les choses. À cette occasion, les principaux membres du gouvernement, alliés du KGB, avaient demandé aux députés de leur accorder les pleins pouvoirs économiques, cela, bien entendu, aux dépens des prérogatives du président.

Se sentant personnellement visé, Gorbatchev ravala sa colère, mais lorsqu'il se retrouva avec Yakovlev, il lui dit : « Je me suis souvent trompé, mais je n'aurais jamais pensé que ces gens-là pourraient faire une chose pareille. »

Pourtant, Yakovlev avait à plusieurs reprises mis en garde le président contre les conservateurs du Parti et le KGB. Chaque fois, hautain, Gorbatchev répliquait : « Ne t'inquiète pas, ce sont des médiocres, Sachko[1]... »

Cette fois-ci, le président décida de limoger le chef du KGB, ainsi que le ministre de la Défense, au lendemain de la signature du traité de l'Union qui devait régler les nou-

1. Le président utilisait ce diminutif ukrainien pour souligner leur amitié.

veaux rapports entre les républiques de l'URSS le 20 août 1991 [1].

Au cœur du complot, la taupe

Durant cette période, Yakovlev commença à agir pour son compte. En juin 1991, il créa avec les maires de Moscou et de Saint-Pétersbourg, ainsi que quelques autres radicaux, le Mouvement des réformes démocratiques — dont le siège se tenait à la mairie de Moscou — qui se proposait de dépasser les clivages entre les partisans d'Eltsine, dont la popularité s'affirmait, et ceux de Gorbatchev, pour faire bloc contre les agissements des conservateurs et du KGB.

Yakovlev voyait souvent le général Kolouguine, son ami de Columbia, ancien résident du KGB à New York œuvrant sous couverture journalistique, ex-chef du contre-espionnage soviétique et dont on a déjà parlé. Démis de ses fonctions en 1990 pour avoir critiqué sa maison mère, il s'était lancé dans la politique comme député du Soviet suprême sous l'étiquette démocratique.

Durant cet été 1991, Yakovlev et Kolouguine se rencontrèrent plusieurs fois pour discuter des agissements de Krioutchkov, leurs conversations étant dûment enregistrées par des agents en civil diversement accoutrés : tantôt une femme poussant un landau marchait derrière eux, un vétéran de la guerre courbé sur une canne prenait le relais, puis un couple d'amoureux, un aveugle tiré par son chien, une autre femme promenant ses enfants...

1. Gorbatchev évoqua ce remaniement ministériel dès le mois de juillet, au cours d'un dîner bien arrosé en compagnie d'Eltsine, fraîchement élu président de la Fédération de Russie au suffrage universel. Les généraux chargés de la sécurité n'étant pas loin, ils ne manquèrent pas d'en informer immédiatement la direction du KGB...

Au sein du KGB, le colonel Boris Toumanov correspondait avec Yakovlev. Cet Arménien au français impeccable, un des meilleurs analystes des renseignements extérieurs autrefois spécialiste des coups d'État en Afrique, était devenu un anticommuniste convaincu. Par lui, Yakovlev fut informé qu'un coup d'État se fomentait au cœur des services secrets, nouvelle que ce dernier transmit lui-même à Gorbatchev.

Toumanov n'était d'ailleurs pas le seul à savoir ce qui se préparait. Popov, le maire de Moscou, eut une conversation à ce sujet avec Metlock, l'ambassadeur américain en URSS, et en informa aussi Eltsine.

Si tous les protagonistes de cette affaire — Yakovlev, Eltsine, Gorbatchev, les Américains — n'ignoraient pas la menace d'un coup d'État et qu'aucun d'entre eux n'en a rien dit, c'est sans doute parce que chacun jouait pour son propre compte, pensant de surcroît pouvoir sortir vainqueur au détriment de ses adversaires.

Les préparatifs de ce coup de force furent donc marqués par une série de manipulations à double fond. Le 5 août 1991, le chef de la police secrète reçut le ministre de la Défense, le maréchal Yazov, dans un hôtel du KGB situé au bout de la rue Léninski, à la sortie de Moscou. Un bâtiment discret construit dans un parc de quatre hectares dans les années quatre-vingt. Les dirigeants des services secrets des pays frères y étaient logés pendant leurs séjours en URSS. L'appellation de la résidence était une couverture : ABC ou centre d'archives bibliothécaires.

Le lendemain, tous deux chargèrent leurs hommes de confiance, à savoir Jiline et Yegorov, hauts fonctionnaires du KGB, ainsi que le général Gratchev du ministère de la Défense, de préparer l'état d'urgence. Toumanov eut vent de cette mission et en informa immédiatement Yakovlev. Quelques jours plus tard, le général Gratchev vendait la mèche à Eltsine ce qui, après l'échec du putsch, lui valut le poste de ministre de la Défense. D'ailleurs pendant le mois d'août, Eltsine et Krioutchkov restèrent en contact pour discuter notamment des problèmes de fonctionnement du KGB de la Fédération de Russie. Leurs conversations se firent par téléphone, grâce à la fameuse *vertouchka* qui assurait la communication entre les dignitaires soviétiques.

Après le conciliabule de l'ABC, Toumanov participa à une réunion au KGB et eut de nouveau la confirmation qu'il se préparait quelque chose d'important. Ces informations étaient si graves qu'oubliant les précautions d'usage il se rendit dans l'édifice rouge et ocre de la mairie de Moscou où Yakovlev avait trouvé refuge depuis la création de son mouvement : « Toutes les missions des agents à travers le pays comme à l'étranger sont suspendues. Chacun doit être à son poste. Cela doit arriver d'un jour à l'autre », dit-il. Il avait appris, d'autre part, que les goulags abandonnés sous Khrouchtchev avaient été remis en état, signe que des arrestations massives étaient prévues. Il affirma qu'avant le mois d'août, les députés démocrates et tous ceux qui étaient en contact avec l'opposition démocratique avaient été l'objet de filatures et d'écoutes téléphoniques. Journalistes, syndicalistes, militaires et ministres également. Toumanov apprit plus tard que ses conversations avec Yakovlev avaient été interceptées, ce qui lui valut, malgré le changement de régime, son éviction du premier directorat du KGB. Il devint alors éditorialiste virulent au journal démocrate *Les Temps nouveaux*. De plus, il révéla comment se déroulaient des réunions interminables présidées par Krioutchkov et les autres sommités du KGB, pendant lesquelles le chef des services secrets annonçait « de grands événements à venir ».

Gorbatchev étant parti en vacances, Yakovlev n'avait plus aucun moyen de communiquer avec lui, Krioutchkov ayant fait suspendre sa ligne directe le 3 août.

Le 16 août, Gorbatchev restant inactif, Yakovlev décida de frapper un grand coup, révélant au grand public : « Un groupuscule stalinien influent s'est formé au sein du noyau des dirigeants du Parti et prépare une revanche sociale, un coup d'État, la prise du pouvoir. » Dans la foulée, il annonça sa démission du Parti.

Trois jours plus tard, le 19 août 1991, la tentative de putsch fut entreprise par la junte qui rassemblait les principaux responsables des institutions considérées comme les piliers du système communiste, la Défense, l'Intérieur, le KGB, avec le soutien du courant conservateur de la direction du parti communiste.

Tandis que Gorbatchev était assigné à résidence sur les lieux de sa villégiature, à Foros en Crimée, les chars entraient dans Moscou. Le coup d'État dura soixante heures.

Son fiasco doit être mis au crédit de la détermination d'un Boris Eltsine fort d'une légitimité conquise au suffrage universel à la présidence de la Russie au mois de juin 1991. Montant sur un char et appelant à la résistance, il a laissé de lui une image symbolique retransmise par CNN dans le monde entier.

Néanmoins, cette victoire fut tout d'abord due à la faiblesse du camp adverse. Les putschistes, qui pour quelques jours disposèrent de tous les pouvoirs et de toutes les forces armées, n'ont même pas appréhendé Boris Eltsine (dont la résidence située près de Moscou était connue de tout le monde). Ils n'ont pas coupé les liaisons téléphoniques entre Moscou et l'Occident qui fonctionnaient d'ailleurs nettement mieux qu'à l'ordinaire. Le 20 août, deuxième jour du coup d'État, « les envoyés spéciaux américains » purent arriver sans encombre au siège du Parlement russe avec un matériel de communication performant sans que les militaires d'élite du KGB encerclant ce quartier général des antiputschistes n'aient pu trouver les moyens d'intervenir.

Eltsine défendit son camp retranché, protégé seulement par une demi-douzaine de chars et une petite foule totalement désarmée. Cette débandade de la junte a précipité la désintégration de l'URSS qu'elle tentait pourtant d'empêcher.

Le 21 août Gorbatchev fut libéré par les représentants d'Eltsine, et les instigateurs du coup d'État furent arrêtés.

Pour Yakovlev, l'échec de ce coup de force est dû au fait que le ministre de la Défense, Yazov, vétéran de la dernière guerre, a privé les putschistes du soutien de l'armée en refusant de faire tirer sur la foule, montrant par là que la perestroïka était allée suffisamment loin pour rendre impossible le retour du totalitarisme.

Cette analyse est également partagée par l'ancienne taupe Toumanov : « Il est absurde de penser que le putsch a échoué parce que ses organisateurs ont manqué de détermination. Ils ont agi comme de vrais professionnels, mais selon les critères de l'ancienne société soviétique. Ils ont tout pris en compte. Ils savaient le peuple " contaminé " par des idées démocratiques et " malsaines "... Donc ils ont fait venir les chars pour " guérir " le peuple de cette " gale ", pour lui faire peur.

« En outre, ils ont pris en compte l'existence de nouvelles structures législatives et parlementaires. Les putschistes ont donc choisi de simuler la légalité en programmant une session du Soviet suprême, une semaine avant le coup d'État. Logiquement, ils ne pouvaient commencer par arrêter les gens et ensuite convoquer le Parlement. Tout le monde s'étonne qu'il n'y ait pas eu d'arrestation le premier jour, mais cela tombe sous le sens. »

En tout état de cause, le putsch demeure un moment fatidique car il a démontré que les structures centrales du système maintenant le régime depuis soixante-dix ans avaient pu imploser en quelques heures.

L'agonie de l'empire soviétique s'est prolongée quatre mois, durant lesquels Gorbatchev a vu son pouvoir rétrécir comme une peau de chagrin. Il démissionna de son poste de président de l'Union soviétique le 25 décembre 1991, dix-sept jours après que les dirigeants russe, ukrainien et biélorusse eurent proclamé que « l'URSS avait cessé d'exister » (déclaration de Minsk, le 8 décembre). Eltsine devint alors le maître absolu du Kremlin.

Le 23 décembre lui et Gorbatchev s'étaient rencontrés pour régler la passation de pouvoir. Compte tenu de leurs relations orageuses, les deux hommes invitèrent Yakovlev à cette réunion en tant qu'élément modérateur. Pendant plusieurs heures, le président déchu transmit à Eltsine les derniers secrets de l'empire soviétique, y compris les protocoles du pacte signé entre Staline et Hitler en 1939 et les documents concernant l'assassinat par le NKVD des officiers polonais à Katine. Au cours d'un aparté, Eltsine proposa à Yakovlev le poste de ministre des Affaires étrangères dans son gouvernement mais ce dernier déclina courtoisement cette offre. Le nouveau « tsar » quitta ensuite le bureau et arpenta les corridors interminables du Kremlin « du pas lourd du Commandeur ». Gorbatchev resta quelque temps allongé sur un canapé, une larme d'amertume dans les yeux, avant, comme le dit Yakovlev, de « fermer la porte de son bureau pour entrer dans l'Histoire ».

Quant à ce dernier, actuellement membre de l'Académie de la Russie et président de la Commission de la réhabilitation des victimes du régime totalitaire, il semblait sortir vainqueur de son duel avec la police secrète soviétique : le KGB fut dissous et son président arrêté, comme les autres instigateurs du coup de force.

L'Histoire paraissait prendre un nouveau départ. Ce n'était qu'un mirage.

Yakovlev appela à une authentique « débolchevisation ». En vain. Au début de l'année 1992, les instigateurs du coup d'État furent tirés de prison où ils attendaient leur jugement, et amnistiés. Leur libération fut sans doute le prix à payer pour une neutralité bienveillante du milieu communiste au moment de la destitution de Gorbatchev. Et il n'y eut jamais de procès contre le totalitarisme soviétique coupable de crimes contre l'humanité (25 millions de victimes pour l'URSS, selon les statistiques données par la commission présidée par Yakovlev).

Des années sont passées et l'ancien chef du KGB Krioutchkov a retrouvé ses certitudes. Il est de nouveau fréquentable, le président Poutine lui rend visite et l'invite au Kremlin. Quant à Yakovlev, il assume tranquillement son passé.

« Dommage ! m'a-t-il dit récemment, Nous avons tout de même raté la sortie du communisme... »

Le temps des manipulateurs

Après l'échec du putsch de 1991, quelques bons bougres bien-pensants crurent que l'influence des hommes de l'ombre allait disparaître avec la fin de l'empire soviétique.

Il n'en fut rien. Comment peut-on sortir, en quelques jours, à la fois de soixante-dix ans de communisme et de mille ans d'histoire ? En Russie, l'exercice du pouvoir n'a jamais reposé sur la loi, mais sur la toute-puissance d'un tsar, souvent sous influence, ou sur le système des règles bolcheviks.

Dès le début de son règne en décembre 1991, Boris Eltsine renoua avec la tradition de la manipulation politique au détriment de la transparence propre à la démocratie, jonglant habilement avec les prérogatives qu'il s'était offertes. Pratiquement tous les trois mois, ses soucis de santé le contraignaient à disparaître de la vie publique durant des périodes de plus en plus longues. Ces fréquents séjours hors de Moscou obligeaient la plupart des ministres à faire des navettes régulières entre la capitale et Sotchi, l'éden de la mer Noire, où la vie du « tsar » frôlait la caricature. C'est là, en effet, qu'on lui administrait des cocktails de vitamines concoctés par les médecins du Kremlin, qu'on lui prescrivait des massages magnétiques inspirés des pratiques des guérisseuses caucasiennes afin qu'il puisse apparaître en public comme un chef d'État responsable, capable de prendre des décisions et d'imposer clairement sa volonté.

C'était aussi à Sotchi que s'accomplissait le rite des *banyas*, les fameux bains russes qui, depuis l'époque païenne, demeurent une sorte de mythe. Si Raspoutine y appréciait la présence des dames, Eltsine préférait y retrouver tous ceux qui comptaient politiquement, ce qui ne manqua pas, au début, de le rendre sympathique aux yeux de ses compatriotes.

Avant sa maladie cardiaque, le chef du Kremlin en respectait les usages ancestraux : flagellation mutuelle dans la vapeur, à l'aide de bouquets de branches de bouleau, les *berioskas ;* bains d'eau glacée suivis de galipettes dans la neige et, pour conclure, une bonne rasade de vodka ou de bière fraîche. Si l'homme de la rue se plaisait à fantasmer sur les rendez-vous galants des *banyas*, les ambitieux et les courtisans se flattaient, eux, d'appartenir à ce club très fermé qu'on nommait le « réseau *banya* » et où étaient prises des décisions majeures. Y être invité était le signe d'appartenance au cercle des initiés, avec les avantages qui en résultaient. À partir de 1991, certains compagnons de bain du président connurent ainsi des promotions aussi fulgurantes qu'éphémères. En revanche, ne plus être convié révélait immanquablement la disgrâce. Par exemple, en quatre ans le favori d'Eltsine, Korjakov, passa du statut de garde du corps à celui de général, chef de sécurité présidentielle, maître d'un véritable cabinet occulte contrôlant toutes les activités du président russe, jusqu'à son limogeage en juin 1996. Au cours de cette période, il fut en mesure d'influencer Eltsine dans des affaires d'État qui dépassaient largement son expérience et sa compétence, et de peser lourdement sur des décisions essentielles pour le pays.

L'ex-garde du corps devenu une éminence grise ne détenait cependant pas un pouvoir exclusif : au sein de la coterie qui l'entourait, le tsar Boris savait jouer des rivalités de personnes ou de tendance. Preuve que, dans l'esprit des Russes, le régime des tsars se perpétue dans la Russie d'aujourd'hui : ils utilisent toujours, pour désigner cette coterie, le terme de *raspoutinchina*, « raspoutinerie ».

Ce serait sans doute une erreur de tirer une conclusion hâtive de cet art particulier de gouverner. Dans les souterrains du Kremlin, derrière les trompe-l'œil, on trouve souvent des fresques authentiques.

L'omniprésence d'éminences grises d'opérette ne dissimule-t-elle pas celle de forces plus influentes remplissant le vide laissé par la destruction de l'ancien système ?

Derrière les artifices, le véritable détenteur du pouvoir en Russie est en fait une coalition hétéroclite. On y retrouve pêle-mêle des clans connus, des réseaux d'affaires occultes, les services secrets, des lobbies militaires, bref, un magma politico-financier issu de l'ex-nomenklatura soviétique.

Le Kremlin est à la fois l'arène où les uns et les autres s'affrontent, se déchirent et se recomposent, mais aussi une vitrine étatique, pour maintenir et projeter l'image d'un pouvoir régulier. Une image que le président se doit d'incarner, quand bien même il serait impotent.

Ces lobbies (représentant notamment l'industrie du gaz et du pétrole, la mafia ou l'ancien KGB) ont fait triompher les méthodes traditionnelles propres aux hommes de l'ombre : la manipulation et la désinformation, l'amalgame et les raccourcis, la provocation, le chantage et les intrigues byzantines sont toujours là pour se substituer au jeu normal de la démocratie. Cependant, il faut ajouter à ce tableau une autre dimension de taille : la corruption fondée sur des moyens financiers sans précédent.

Pourquoi ces lobbies disposent-ils de tant d'argent ? D'où viennent ces sommes faramineuses ? Déjà sous Gorbatchev, était né un nouveau centre de pouvoir de plus en plus lié à la mafia traditionnelle ainsi qu'aux nouvelles structures criminelles disposant de moyens financiers exceptionnels.

À cette époque, la propriété privée n'existait pas encore

et les banques d'État n'accordaient que très peu de mobilité à l'argent. En revanche, les médias s'étaient libérés, la pression du KGB semblait s'être relâchée, le rôle du Parti, cible principale de Yakovlev, avait diminué. Sur une toile de fond d'insuffisances législatives, l'économie se développa de manière chaotique, laissant une exceptionnelle marge de manœuvre aux structures criminelles en mal de placements efficaces [1].

La politique économique erratique menée par Gorbatchev donna aux « barons rouges » de l'industrie une autonomie jamais atteinte en Union soviétique. Les directeurs des entreprises exportatrices assuraient désormais *de facto* la gestion de leurs ressources en devises et souvent détournaient l'argent mis à leur disposition. L'économiste Nicolas Chmelev, membre de l'Académie de Russie, m'a confirmé que, pendant la dernière année de la présidence de Gorbatchev, plus de cent milliards de dollars sont partis pour l'étranger. Durant le régime d'Eltsine, entre 1991 et 2000, l'évasion des capitaux est estimée à vingt milliards de dollars par an [2]. Soit, au total, une fuite de capitaux sans précédent dans l'histoire économique mondiale.

Reste à savoir comment une telle chose a pu se produire, étant entendu que certains des protagonistes de cette histoire, qu'ils s'appellent Tchernomyrdine ou Berezovski, ne représentent que la partie visible de l'iceberg.

« On m'a nommé milliardaire »

En 1991, un groupe de jeunes économistes proches d'Eltsine préconisa de privatiser toutes les entreprises russes. Les raisons qui allaient pousser le gouvernement à

1. Cf. notamment François Roche, *Le Hold-Up du siècle*. Voir bibliographie.
2. Entretien avec l'auteur.

s'engager dans un processus aussi radical furent déterminées par la tentative de coup d'État du mois d'août qui démontrait clairement qu'une partie de la classe politique de l'époque refusait les réformes.

De nombreux conseillers étrangers, notamment américains, ont également œuvré pour une privatisation totale de l'économie. Pour les réformateurs, le but à atteindre était de provoquer des changements suffisamment profonds pour que tout « retour en arrière » (sous-entendu : vers le système communiste) soit techniquement et politiquement impossible. De ce point de vue, la privatisation des années 1992-1994 est une réussite. Mais en pratique ce processus s'est déroulé dans le cadre d'une opacité totale.

« *On m'a nommé milliardaire.* » Cette boutade de l'homme de la rue explique comment fut organisée la grande braderie des biens nationaux en Russie. Du jour au lendemain, apparatchiks, anciens ministres et hauts responsables du Parti se déguisèrent en banquiers ou hommes d'affaires, devenant propriétaires de secteurs entiers de l'économie. Et cela, avec la bénédiction du KGB qui les qualifiait de « milliardaires autorisés ». Lesquels, de toute manière, avaient déjà commencé à bâtir leur fortune pendant la perestroïka.

Ainsi la carrière de Viktor Tchernomyrdine bascula-t-elle un soir de l'automne 1989. Celui qui, à cinquante et un ans, avait été nommé quatre ans plus tôt par Mikhaïl Gorbatchev ministre de plein exercice chargé de l'Énergie, contrôlant les plus gros contributeurs aux recettes de l'État soviétique.

Ce soir-là, Tchernomyrdine avait rendez-vous avec Gorbatchev au quartier général du Comité central. Malgré le froid, la place Staraya, située à deux pas de Kremlin, était noire de monde ; même les marchands de glace étaient à leur poste. Dans sa voiture noire et luisante, Tchernomyrdine ne portait aucun intérêt à la foule moscovite. Une fois installé dans le bureau de Gorbatchev, il put constater que des portraits de Marx et de Lénine, surplombant une longue table recouverte d'un tapis vert, y trônaient.

« Camarade secrétaire général, commença Tchernomyrdine, je ne veux plus être ministre...

— Mais pourquoi donc ? demanda Gorbatchev interloqué.

— Parce que je servirai mieux mon pays en rendant le secteur gazier plus efficace.

— Comment cela ?

— Eh bien, dit Tchernomyrdine, qui avait bien préparé son affaire, il faut fermer le ministère et le transformer en société par actions, en octroyant un petit pourcentage du capital à ses cadres dirigeants, pour qu'ils soient plus motivés dans leur travail. »

Et Gorbatchev d'acquiescer.

Ainsi son ministre devint-il le grand patron de l'une des plus grosses affaires mondiales : 360 000 salariés, 40 sociétés et filiales, 94 % de la production gazière russe, le quart de la production mondiale, des recettes atteignant quelque 23 milliards de dollars. Ainsi la fortune de Viktor Tchernomyrdine fut-elle faite de sa propre initiative et avec la bénédiction de l'homme de la perestroïka...

Fils d'une famille de modestes paysans de la région d'Orenbourg dans l'Oural, Tchernomyrdine, futur chef du gouvernement, avait tout appris du Parti, dont il avait gravi tous les échelons.

En 1982 (il avait quarante-quatre ans), alors que Leonid Brejnev était à la fin de sa vie, il fut nommé vice-ministre de l'Industrie gazière, ce qui lui permit d'entrer de plain-pied dans l'administration gouvernementale. La même année, il fit la connaissance d'un autre apparatchik du Parti dans sa région de l'Oural, Boris Eltsine.

Dix ans plus tard, il entrait comme vice-Premier ministre dans le gouvernement de Gaïdar, gourou d'une thérapie économique « de choc » visant à accélérer le passage de la

Russie à l'économie de marché. Malgré cela, les réformes piétinant, l'inflation battait son plein.

Six mois plus tard, Tchernomyrdine prenait la tête du gouvernement, ayant traversé, grâce à son passé d'apparatchik, le filet du Parlement dominé par les nostalgiques de l'époque soviétique. Par la suite, il accompagna Boris Eltsine dans chacune de ses épreuves (tentatives de destitution menées par les communistes ou maladies successives) jusqu'au début de 1998, où il commit l'erreur de prétendre à la présidence, ce qui lui valut d'être aussitôt limogé par Eltsine. Dans la foulée du krach économique et financier d'août 1998, Tchernomyrdine tenta — sans succès — de revenir au pouvoir. Celui-ci, dont la fortune personnelle dépasserait cinq milliards de dollars [1], incarne le premier des trois profils types des acteurs économiques russes : la nomenklatura reconvertie dans les affaires, les acteurs de la mafia, les nouveaux hommes d'affaires indépendants, ces derniers étant nettement minoritaires — 15 à 20 % selon les sondages menés par le professeur Levada, qui tôt ou tard seront obligés de passer sous le contrôle des deux premiers (respectivement 40-45 % et 35-40 %). D'après les estimations d'Alexandre Koulikov, vice-président du comité pour la sécurité de la Douma, la chambre basse du parlement russe, 40 % des entreprises privées et jusqu'à 60 % des entreprises d'État ainsi que plus de 50 % des banques en Russie sont contrôlées par des groupes criminels.

L'une des figures de l'ombre les plus en vue de ces années est celle Boris Berezovski qui, n'étant pas un « milliardaire autorisé », essaya de tracer lui-même son chemin à travers la jungle du postcommunisme.

1. Selon des estimations de la CIA en date du 30 avril 1996, in *Government Printing Office*, Washington, 1999, p. 18-19.

Argent, réseaux et corruption

Tête carrée, cheveux bruns, yeux de braise, Boris Abramovitch Berezovski naquit en 1946 dans une famille appartenant à l'intelligentsia moscovite. Sous le régime soviétique il fit une brillante carrière et devint docteur d'État en mathématique, puis membre correspondant de l'Académie des sciences et spécialiste de la théorie de la probabilité et des systèmes de contrôle de l'automation.

Pour lui aussi, tout commença pendant la perestroïka. Pendant ces années charnières, il était souvent en contact avec des industriels. Comprenant que de grands bouleversements économiques étaient inévitables, Berezovski décida d'y prendre part : puisque, selon ses propres termes, il était « tout simplement génétiquement plus adapté au business qu'à la science ».

Ainsi, en 1989, parvint-il à réaliser une véritable fortune en créant Logovaz, une société spécialisée dans la commercialisation des voitures du plus gros constructeur d'automobiles de Russie (Avtovaz). Pour ce faire, il associa à son affaire, à titre privé, le directeur de cette usine et ses principaux collaborateurs. La société effectua alors de fausses exportations de véhicules : en principe, les voitures devaient être livrées à l'étranger, tandis qu'en réalité elles étaient vendues immédiatement sur place, assurant chaque mois plus de 100 000 dollars de profit net. (Kadannikov, directeur d'Avtovaz était le P-DG de Logovaz, Berezovski le directeur général.)

L'usine livrait les automobiles à bas prix, même à perte : 3 500 dollars (selon les confidences d'un directeur d'Avtovaz, Alexeï Nikolaïev). Le client versait 7 500 dollars à la commande, et Logovaz réglait l'usine une année plus tard. L'inflation à ce moment-là se situait entre 1 000 et 2 500 % par an ! Berezovski amassa ainsi 250 millions de dollars en moins de quatre ans.

La deuxième étape de son ascension consista à vendre des

actions de Logovaz à une société suisse Andée & Cie et, dans la foulée, de créer de multiples compagnies financières (Avva, Andava, AFK, FOK, etc.) dont les filiales résidaient dans les paradis fiscaux (notamment Chypre et les îles Caïmans), ainsi qu'une compagnie pétrolière enregistrée en Irlande mais travaillant essentiellement à Panama. Cet ensemble engendra un système sophistiqué d'évasion fiscale et de fuites des capitaux hors de Russie.

À l'automne 1991, au moment de l'effondrement économique de l'URSS, les activités des entreprises étaient désorganisées et le pays avait un besoin urgent de produits importés. Berezovski disposait déjà de beaucoup d'argent. Aussi commença-t-il immédiatement des opérations d'import-export d'envergure, notamment dans le domaine du pétrole et des métaux non ferreux. Une dizaine de jours après l'échec de coup d'État, le 6 septembre1991, il en recevait la licence de la part du ministère du Commerce extérieur, dirigé par un ami de sa famille.

Pendant ces années troubles, il n'hésita pas à lancer des projets industriels comme AVVA, qui aurait dû aboutir à la création d'« une nouvelle automobile pour le peuple ». Cette opération ne fut pas réalisée mais lui permit d'empocher 140 millions de dollars.

Au début des années quatre-vingt-dix, Berezovski élargit son champ d'activités. Les médias, tout d'abord. Logovaz, transformé en holding, devint le principal actionnaire d'ORT, la première chaîne de télévision russe, de TV 6, une autre chaîne moins importante, et d'un groupe de presse écrite comprenant notamment *Nezavissimaya Gazeta, Novi Izvestia* et *Ogoniok*. Les transports ensuite, à travers Aeroflot, la compagnie aérienne nationale. L'immobilier, à travers la reprise de nombreux actifs dépendant de ministères dissous. La banque, avec Obedinenny. Le pétrole, à travers Sibneft puis Yuksi, énormes sociétés sibériennes dont il était le principal actionnaire ; le gaz naturel, avec Gazprom, première entreprise de Russie dont son allié Tchernomyrdine présidait le conseil d'administration ; l'électricité, avec RAO-EES Rossia, confiée à un autre allié, l'ancien vice-Premier ministre Anatoly Tchoubaïs.

En 1997, le magazine américain *Forbes* évoque ainsi la période flamboyante de Berezovski : « Conformément aux déclarations de la milice moscovite, Berezovski a commencé son activité de vendeur d'automobiles en étroite collaboration avec d'influents clans criminels tchétchènes pour le contrôle du marché automobile à Moscou. »

À la suite de ce communiqué, il assigna *Forbes* en justice et se vit attirer cette réponse de la part de James Michels, patron du magazine : « La rédaction est en mesure de prouver chaque mot publié. »

Le même magazine estimait la fortune personnelle de Berezovski à 3 milliards de dollars en 1997. L'année suivante, il dut réviser ces estimations à la baisse (1,1 milliard) après la crise financière russe. De toute manière ces chiffres restent aléatoires puisque une partie des richesses de ces nouveaux riches emprunte des filières occultes.

Privatiser les hommes

Les méthodes de Berezovski se résument à ces quelques formules : « Dans l'ex-URSS, les entreprises ne sont pas " privatisables ", mais les hommes le sont. » Ou encore : « Dans le reste du monde, il faut de l'argent pour produire des marchandises qui à leur tour rapporteront de l'argent. En Russie, il faut de l'argent pour se voir confier par l'État des affaires qui rapportent de l'argent. »

En novembre 1996, il déclarait au *Financial Times* : « Sept financiers contrôlent donc 50 % de la richesse vive du pays... »

D'origine juive, il ne fait pas mystère d'avoir obtenu un passeport israélien, auquel il renonça en 1996, quand il fut nommé pour la première fois à un poste gouvernemental.

À lui seul, Berezovski résume la face byzantine du monde des affaires russe.

Il aborda la politique en 1992, juste après la chute du régime soviétique. Valentin Youmachev, le nègre d'Eltsine, cherchait à publier en Occident les *Mémoires* du président russe dont il était le principal rédacteur. Berezovski trouva alors un éditeur en Finlande, qui lui-même négocia les droits en anglais, en allemand et en français : l'à-valoir assurait au chef de l'État un début de vraie richesse, non plus en roubles mais en « devises fortes [1] ».

Présenté à Eltsine, Berezovski entra dans ses bonnes grâces. Il se lia avec l'ambitieuse Tatiana Diatchenko, fille cadette du « tsar Boris », et fit la fortune personnelle de celle qui allait jouer un rôle d'écran entre son père et l'extérieur, filtrant les visites en fonction des intérêts de la famille.

C'est ainsi qu'il nomma le gendre d'Eltsine, Leonid Diatchenko, président d'East Coast Petroleum, une filiale de Sibneft, et qu'il propulsa à la tête d'Aeroflot l'autre gendre du président, Alexis Okoulov, le mari d'Elena, sœur aînée de Tatiana, pourtant plus discrète.

En janvier 1996, second tournant. D'intermédiaire habile, Berezovski se transforma en acteur politique à part entière.

L'opposition communiste et nationaliste venait de gagner les législatives de décembre 1995. Les sondages laissant prévoir une victoire du communiste à la présidentielle de juin 1996, Eltsine semblait perdu. Mais, à la conférence de Davos, Berezovski convainquit les sept autres principaux banquiers russes — leurs fortunes personnelles additionnées représentaient alors près de dix milliards de dollars — de miser sur le président sortant. Il suffisait, selon lui,

1. Selon le général Korjakov : « Fin 1994, le compte personnel de Boris Eltsine, dont Berezovski s'occupait, dépassait trois millions de dollars. » *Moskovski komsomoletz*, 30 octobre 1999, 3 novembre 1999.

d'une campagne bien menée pour que les électeurs se laissent aller à leurs instincts légitimistes.

« Nous pouvons réunir l'argent nécessaire, affirmait Berezovski. De toute façon, nous n'avons pas le choix. Nous connaissons Eltsine. Nous savons comment il fonctionne. Les autres candidats libéraux ne passeront jamais. Reste le communiste. Le voulez-vous ? » L'argument porta ses fruits. Entre mars et juin 1996 quelque cent quarante millions de dollars furent réunis pour financer la campagne électorale du président sortant, soit en espèces, soit sous forme d'une aide « indirecte », notamment en mobilisant les médias. Grâce à quoi Eltsine fut réélu avec 35 % des voix au premier tour, 53,8 % au second. Bien entendu, un tel soutien fut royalement récompensé. Selon le colonel Strelestki qui était en 1996 chef du département P — anti-corruption de la sécurité présidentielle — Berezovski et une dizaine d'autres oligarques eurent le droit d'acquérir des actions des entreprises privatisées sous-évaluées pour un milliard de dollars [1].

En juillet 1997, le même paquet d'actions fut coté à la bourse de Moscou à plus de quatorze milliards de dollars !

Quant à Tatiana Diatchenko, déjà chef d'état-major de la campagne, elle fut propulsée au poste de conseiller et de « directrice de la communication du président ».

Le Parrain du Kremlin

Après la victoire électorale, Tatiana Diatchenko était toute-puissante. Son cabinet personnel, le bureau 262 du Kremlin, se superposait à tous les autres rouages de l'exécutif, des ministères au bureau du Premier ministre en passant par l'administration présidentielle et le Conseil national

1. *Mrakobessie*, Moscou 1999.

de sécurité, un peu comme auparavant le Politburo exerçait sa suprématie sur les organes de l'État et du Parti. L'analogie était si forte, qu'on en vint à qualifier de « nouveau bureau politique » le petit groupe de conseillers occultes que Tatiana avait réunis : une demi-douzaine de personnes, au maximum âgées d'une quarantaine d'années. Berezovski, quinquagénaire, était l'exception qui confirme la règle. Mais n'en était-il pas le senior ? À ses côtés, Roman Abramovitch, son protégé, le P-DG de Sibneft, principale composante de la société pétrolière Yuski. Excellent gestionnaire, il eut pour mission de créer un « groupe financier parallèle », doublant Logovaz, afin de désarmer les accusations de mainmise sur les richesses nationales. Il passe pour avoir pris en charge la plupart des dépenses courantes de la famille Eltsine. Alexandre Volochine, ingénieur des chemins de fer, a fait sa carrière dans diverses entreprises du groupe Logovaz. « Prêté » au Kremlin en 1997, il dirigea à partir du mois de mars 1999 l'administration présidentielle, État dans l'État contrôlant les organes vitaux de la Fédération russe. Il coordonna les opérations visant le quadrillage des grandes entreprises au profit de la famille Eltsine. Anatoli Tchoubaïs, depuis 1991, a détenu plusieurs ministères importants et a même été Premier ministre adjoint. Libéral bon teint, estimé par les Occidentaux, il a été le maître d'œuvre des privatisations russes jusqu'en 1998. Il fut nommé à la tête d'EES Rossii, la compagnie nationale d'électricité. Deux atouts sur le plan politique : il a organisé la réélection d'Eltsine en 1996 et poussé en première ligne Vladimir Poutine comme chef des services secrets du Kremlin, ce dernier n'étant pas membre du « bureau politique ». Valentin Youmachev, journaliste, le nègre d'Eltsine déjà cité. C'est lui qui, en 1993, organisa les premiers contacts entre le président et Berezovski et devint ensuite le conseiller le plus proche de Tatiana, au point que l'on parlait à Moscou, en utilisant leurs diminutifs respectifs, du « couple Tania-Valia ».

En 1997 et en 1998, il fut directeur de l'administration présidentielle.

Nommé secrétaire général adjoint du Conseil national de sécurité, puis secrétaire exécutif de la Communauté des États indépendants, Berezovski arbitra la question la plus urgente de la seconde présidence d'Eltsine : l'armistice en Tchétchénie, d'abord conclu par le général Lebed dès juillet 1996.

Son influence fut portée au zénith pendant les multiples soubresauts de la maladie du président qui se soldèrent par un quintuple pontage cardiaque.

En 1997, le « Parrain » du Kremlin imposa en effet le concept de la reprise des privatisations, qu'il interprétait comme le moyen de constituer au sein de la société russe de « grands pôles d'intérêts » faisant contrepoids aux structures héritées de l'ancienne nomenklatura.

Cependant il cherchait surtout à résoudre les problèmes à court terme. Ce fut peut-être, d'ailleurs, le trait le plus profond de son caractère. En authentique manipulateur, il savait imaginer sans cesse l'évolution des rapports de force, les renversements de situations, les formules nouvelles dans un seul but : préserver l'acquis immédiat et survivre dans le peloton de tête des profiteurs du régime, envers et contre tout.

À cette époque Berezovski aimait à se comparer aux grands barons du capitalisme américain du siècle dernier, parallèle difficilement acceptable car, à la différence d'un Ford ou d'un Rockefeller, il n'a rien inventé ou créé. Il a simplement réussi à prendre la tête d'une coterie corrompue placée au sommet de l'État pour construire son propre empire.

Dans le domaine économique, aucune transformation ne fut réalisée. Les entreprises dont il prit le contrôle ne devinrent pas plus compétitives : sa chaîne de télévision ORT produisait des programmes pitoyables, les services de sa compagnie aérienne Aeroflot se détérioraient, sa banque

SBS-Agro fit faillite ; même la gestion du fleuron de son empire, le géant pétrolier Sibneft, ne s'améliora pas.

Cependant, ses adversaires s'étaient trompés sur l'essentiel en croyant que Berezovski était un homme d'argent cherchant à manipuler les hommes politiques, comme beaucoup d'autres, disposé, si les choses tournaient mal, à se réfugier sur la Côte d'Azur avec un magot de deux ou trois milliards de dollars. Non seulement il mit ses dons de stratège au profit d'Elstine, mais en plus il voulut préparer la succession de ce dernier.

La Constitution de 1993 ayant limité le mandat présidentiel à deux fois quatre ans, le problème central du « bureau politique » allait être le choix de l'héritier d'Eltsine, déjà élu à ce poste 1991 et en 1996.

Berezovski préconisa alors la mise en orbite d'un « jeune premier », qui serait actif, compétent, séduisant, de surcroît d'une loyauté entière à l'égard du clan eltsinien — idée reprise par Tatiana. Une première tentative, au printemps 1998, aboutit à l'installation de Sergueï Kirienko au poste de Premier ministre. Mais l'investiture fut laborieuse : ce fut seulement au troisième et dernier scrutin que la Douma accepta de ratifier le choix du président.

Le krach financier d'août 1998 finit par emporter le jeune dauphin de trente-cinq ans. Pour Berezovski, devenu l'homme le plus haï de Russie, le vent avait tourné. Eltsine dut en tenir compte en le libérant de sa fonction gouvernementale de secrétaire exécutif de la Communauté des États indépendants. Aussi décida-t-il de se rendre en France pour prendre quelques semaines de vacances, déclarant avec toupet dans *Le Figaro* : « Je comprends que la société russe ne m'accepte pas : je suis juif, je suis riche et, en outre, le président Eltsine m'a un temps confié des responsabilités d'État. Je suis une cible idéale. » En guise de réponse, le même journal évoqua l'*Histoire de l'État russe* en douze volumes Alexandre Karamzine, l'écrivain du XIXe siècle, mettant en scène un voyageur débarqué en Russie qui interroge : « Alors, que se passe-t-il ici ? — On vole, on vole, on vole ! », répond son interlocuteur résigné...

Pendant quelques semaines Berezovski coula des jours tranquilles au cap d'Antibes, attendant que la tempête se calme et réfléchissant à la façon de préparer sa riposte.

Le Méphisto de la politique russe considérait donc la France comme une base de repli où il pouvait retrouver de ses congénères, dont on sait qu'ils sont particulièrement nombreux à Paris, comme sur la Côte d'Azur ou encore en Haute-Savoie. Ceux-ci, d'ailleurs, se cantonnent à une légalité presque trop parfaite, à une exception près, que formule l'un des parrains qui fréquente Berezovski : « La seule violation à la législation française qu'on se permet est les jeux de cartes clandestins. Nous sommes trop attachés aux vieilles pierres de l'Europe pour nous en priver. »

Tout le littoral des Alpes-Maritimes est touché par le raz-de-marée russe. Des dizaines de villas luxueuses entourées de hauts murs, comme celle de Berezovski, appartiennent à des Russes qui, parfois, les ont acquises dans des conditions douteuses. C'est le cas par exemple du château de la Garoupe, cette immense « datcha » de style néocolonial, trônant à la pointe du cap d'Antibes, estimée à cent quarante millions de francs et qui n'aurait été payée que cinquante-cinq millions. La propriété attenante, négociée par une société immobilière française contrôlée par un écheveau de sociétés réparties en Suisse et au Luxembourg, aurait seulement coûté quatre-vingt-dix millions de francs.

L'armée des ténèbres

Si Berezovski dut s'assurer une base de repli à l'étranger, il eut également besoin d'un soutien de nature à influencer les péripéties de la lutte politique au Kremlin. Pour ce faire, il s'appuya sur une sorte d'armée de l'ombre. Forts de plus de 500 000 hommes [1], ces groupes paramilitaires étaient contrôlés par deux cents milices privées travaillant sur l'ensemble du territoire. Ils palliaient dans bien des cas les carences de l'État en matière de sécurité. À leur actif, une multitude de services : filature, protection, transport d'argent, location de matériel particulier (plusieurs dizaines de personnes pour protéger Berezovski).

Ces milices disposent d'un arsenal acheté ou volé dans les casernes ou acquis à l'étranger : pistolets Makarov, kalachnikov à crosse coupée, mini-Uzi israéliennes, lance-roquettes RPG et lance-missiles portatifs SAM-7 ; ainsi que des véhicules rapides, des avions, des hélicoptères. Elles offrent leurs services aux hommes d'affaires, à la mafia et à l'État.

Leurs membres sont issus des services pléthoriques des anciens « organes de sécurité » du régime soviétique : KGB, GRU, Omon (troupes du ministère de l'Intérieur). Ainsi Viktor Tchebrikov, patron du KGB dans les années quatre-vingt, conseilla-t-il trois banques pour leur sécurité. Le plus actif et le plus respecté des anciens du KGB est sans doute Philippe Bobkov, général à trois étoiles. Autrefois responsable de la lutte contre les dissidents, il fut chef du département de sécurité du groupe bancaire Most.

Berezovski était persuadé que la collusion entre ordre public et ordre privé était inévitable, car solidement ancrée dans la tradition de la manipulation politique en Russie. Déjà en 1927, Staline avait conclu un pacte avec les principaux parrains de la sécurité (*vori v zakone*) publique afin qu'ils dénoncent, *via* leurs réseaux d'indicateurs, les malheureux ayant réussi à fuir les camps de prisonniers politiques. Méthodes déjà utilisées par l'Okhrana.

À la fin de l'ère Gorbatchev et au début de la présidence d'Eltsine, ces mêmes parrains étaient devenus les rois de la

1. Selon l'estimation de la revue économique moscovite *Delovii lioudi*.

sécurité privée. Ce fut à partir de 1994 qu'ils réorientèrent progressivement leurs activités dans les affaires, utilisant les milices de « sécurité privée » comme courroies de transmission et hommes de main.

Les milices prospèrent parce que les commerçants, les banquiers et les hommes d'affaires, qu'ils soient russes ou étrangers, veulent être protégés : *pod krichei̇̈*, « avoir un toit », dit une expression locale. C'est devenu une obsession pour ceux qui cherchent à faire des affaires en Russie. Berezovski lui-même doit être protégé par un « toit » tchétchène, s'il veut vendre ses automobiles à Moscou.

Dans les secteurs les plus rentables, les milices sont si bien implantées qu'il est impossible, par exemple, de créer une entreprise touchant à la distribution de l'alcool ou du sucre, au jeu ou au pétrole sans demander leur protection.

Les retraités du KGB, du GRU, de la police ou de l'armée continuent à fournir les plus gros effectifs de ces milices. Les hommes issus de l'ex-KGB, spécialisés dans la protection des membres du Politburo, sont les mieux cotés sur le marché de la sécurité, avec une mention spéciale aux anciens des commandos Alpha et aux parachutistes revenus de la guerre d'Afghanistan. Leur orientation politique reste aléatoire car d'une part ces groupes ont été infiltrés par la police secrète, d'autre part ils travaillent pour des hommes d'affaires souvent en délicatesse avec le pouvoir.

Ces milices allaient en tout cas entrer dans le cadre de la lutte impitoyable qui s'annonçait au Kremlin.

Duel des hommes de l'ombre

À l'automne 1998, Berezovski dut affronter le plus grand défi de sa carrière : un duel avec un adversaire de taille, également homme de l'ombre. Le 4 septembre Boris Eltsine, décomposé, vint assister à la table ronde réunissant les principales personnalités de la Douma (l'Assemblée nationale russe) et du Conseil de la Fédération (le Sénat). Il savait déjà que les députés allaient de nouveau refuser d'investir le Premier ministre désigné pour succéder à Kirienko, Viktor Tchernomyrdine. La veille, cédant aux pressions de sa fille Tatiana, Eltsine avait placé les détachements Alpha, l'élite du l'ex-KGB, sous son commandement personnel, ce qui était une façon de reconnaître qu'il redoutait un putsch. Les hommes d'affaires en vue avaient aussi placé en état d'alerte « leurs » départements de sécurité.

Les banques étaient en faillite ou avaient suspendu leurs opérations, la Bourse ne fonctionnait plus. Le gouverneur de la Banque centrale venait de démissionner. Suivant à la lettre les conseils de la presse, les ménages faisaient des stocks, de sorte que les produits de première nécessité avaient disparu avant tous les autres. À Nakhotka, une zone franche du Grand Nord, modèle d'une future économie totalement libéralisée, s'il n'y avait pas de pénurie, les prix avaient augmenté de 300 %. Corollaire de cette débâcle : chaque région se replia sur elle-même. Constatant la quasi-disparition du pouvoir central, le général Alexandre Lebed, gouverneur de la province sibérienne de Krasnoïarsk, alla jusqu'à proposer de transférer aux autorités locales le contrôle des bases nucléaires.

Dans un silence glacial, Boris Eltsine prit place à la table ronde, s'affaissant sur sa chaise. Un député lui trouva « plus mauvaise mine encore que lors de la conférence de presse conjointe avec Bill Clinton », une semaine plus tôt.

Gregory Yavlinski prit alors la parole. Cet économiste de quarante-six ans, membre de la Douma, était l'un des maîtres à penser du libéralisme en Russie. Mais il n'en était pas pour autant eltsinien. Bien au contraire, il estimait que le chef de l'État, par sa « médiocrité » et sa « mégalomanie », était le principal responsable de l'échec des réformes politiques et économiques depuis 1991. Eltsine, s'attendant à un réquisitoire, préféra ne pas regarder dans sa direction. Dès les premiers mots prononcés par Yavlinski, il changea cependant d'attitude. Après avoir rappelé que la prolongation de la crise pouvait être « catastrophique » pour le pays et que personne, pas plus l'opposition que l'entourage du président, n'avait intérêt à une vacance prolongée du pouvoir ou à une guerre civile, le député libéral demanda : « Quelles sont les conditions requises pour désigner un Premier ministre ? Un homme loyal envers le président, l'élu de la nation russe tout entière ! »

À ces mots, Eltsine se redressa.

Yavlinski poursuivit : « Il doit inspirer confiance au service fédéral de sécurité [l'ex-KGB] et à l'armée. Il faut que le nouveau Premier ministre ait aussi la confiance de la Douma, autre expression du peuple russe, il faut qu'il puisse assurer le prestige de la Russie sur le plan international. »

Yavlinski demanda aux autres participants de la table ronde : « Êtes-vous d'accord avec mon analyse ? »

La réponse fut unanime : « Oui. »

« Alors, qui doit être Premier ministre ? »

Il y eut un silence. Yavlinski dit alors : « J'ai un nom à vous proposer, Yevgueni Primakov. »

Primakov, l'un des derniers grands diplomates de l'ère de Gorbatchev, l'homme qui avait mis au point la stratégie soviétique au Proche-Orient dans les années quatre-vingt, devenu chef de l'ex-KGB, puis, en 1996, ministre des Affaires étrangères. Il représentait pour les Russes le sens de l'État avant tout, un personnage situé au-dessus de la mêlée et acceptable pour tous les partis.

La proposition était un coup de maître. Les communistes et les nationalistes applaudirent, la table ronde se sépara d'une humeur presque sereine.

Dans « l'intérêt supérieur du pays », Primakov accepta la direction du gouvernement. Eltsine admit sa nomination à contrecœur, juste pour éviter de perdre ses pouvoirs dans la tourmente du krach du système bancaire.

Une chose était certaine : un retour au moins partiel du KGB allait être à l'ordre du jour.

La lutte contre la corruption était le terrain de prédilection de ce Premier ministre réputé pour son intégrité. Aussi lança-t-il immédiatement un assaut contre Boris Berezovski dont la fortune et les multiples passeports faisaient scandale.

Pour Primakov, Berezovski était l'homme à abattre parce qu'il symbolisait le mal absolu qui détruisait la Russie.

Rarement une nomination n'avait suscité une telle impression de soulagement. En Occident, les réactions des gouvernements et des Bourses furent favorables. La nature politique a horreur du vide. Primakov avait le sens de l'État. Et, s'agissant de la Russie, mieux valait un État renouant en partie avec une tradition autoritaire et dirigiste que plus d'État du tout.

Prunelle de sphinx derrière des paupières presque mongoles, air débonnaire et double menton, paroles nettes et courtoisie consommée, Yevgueni Primakov est né à Kiev, en Ukraine, le 29 octobre 1929, « au moment même où, à

Wall Street, le capitalisme semblait être entré dans sa crise finale », dit-il un jour en riant au secrétaire d'État américain Warren Christopher.

Ses parents s'installèrent bientôt à Tbilissi, capitale de Géorgie, où il passa son enfance et une partie de son adolescence.

Admis à l'Institut des études orientales de Moscou (IVA), il apprit l'arabe et le persan, complétant cette formation dans les années cinquante, par un doctorat d'économie consacré au monde arabe.

Allait-il pour autant devenir diplomate ? Non, sa carrière obliqua vers le journalisme et plus particulièrement, à partir de 1959, vers des postes de correspondant de la *Pravda* à l'étranger. Basé le plus souvent au Caire, il se rendit dans la plupart des pays du Proche-Orient.

Bien entendu, un parcours de ce type n'était possible, au sein du régime soviétique, que sous le contrôle étroit du KGB. Mais Primakov n'était pas un « espion » au sens banal du mot. Ce n'était même pas un « agent d'influence » : on ne lui demandait pas de monter ou de gérer des opérations auprès des opinions publiques. Son rôle était de tisser des liens personnels à long terme avec les plus hauts dirigeants en place ou avec leurs éventuels successeurs. Ainsi devint-il un véritable homme de l'ombre. À cette fin, on l'avait fait bénéficier d'une liberté de parole et d'analyse assez exceptionnelle dans la *Pravda*.

Bref, il était le spécialiste des méthodes de manipulation politique au Proche-Orient. À tel point que ses amis étrangers le comparaient à un « Lawrence d'Arabie soviétique ». En tant que tel, Primakov s'acquitta de sa tâche avec brio. En Égypte, il capta la confiance de Nasser, mais aussi celle de Sadate et d'un jeune officier d'aviation dont il fit la connaissance pendant la guerre des Six Jours, Hosni Moubarak. En Irak, il se lia d'abord avec le chef kurde Moustafa Barzani, puis se rapprocha des baasistes de Bagdad, pourtant considérés à l'époque comme antisoviétiques. Il misa en particulier sur Saddam Hussein, alors chef des services de sécurité des baasistes. « Fermeté pouvant aller jusqu'à la cruauté, volonté frisant l'entêtement », écrivit-il à son sujet.

À son retour du Caire, en 1970, Primakov avait été remarqué par Leonid Brejnev, chef de l'État et du Parti, et par le Premier ministre Alexis Kossyguine. Surtout, il allait faire partie des contacts privilégiés du nouveau chef du KGB, Youri Andropov. Celui-ci, parfaitement conscient de la paralysie généralisée qui gagnait le système soviétique, crut pouvoir y remédier en mettant en place une nouvelle élite, formée à l'occidentale, à mi-chemin des énarques français et des *graduates* de Harvard. L'Institut des relations internationales et de l'économie mondiale de Moscou (IMEMO) était l'un des éléments clés de ce projet. Primakov fut placé à la tête de l'un de ses départements, la section des sciences économiques. L'une de ses premières décisions fut de rendre obligatoire l'étude des « théories économiques bourgeoises », de Keynes à Milton Friedmann... (ce qui a été bien utile au futur promoteur de réformes russes, Gaïdar.)

Andropov fut tellement satisfait de Primakov, qu'en 1977 il le propulsa à la direction de l'Institut des études orientales, devenu à cette époque un centre scientifique et une couverture civile pour les officiers du KGB et du GRU (le renseignement militaire). Primakov vivifia l'institution en complétant les études linguistiques par des cours approfondis de civilisations et en y organisant des sessions de *brain-storming* à l'occidentale, où les meilleurs experts soviétiques confrontaient leurs vues. Andropov et Gromyko assistaient en personne à ces discussions se déroulant souvent au ministère des Affaires étrangères ou au KGB. Cette décontraction intellectuelle se conjuguait avec une loyauté envers la « ligne » définie par le Kremlin. Ainsi en 1979, ce « Lawrence d'Arabie » soviétique mit en garde les vieux pontes du Kremlin en déclarant que l'intervention en Afghanistan était une erreur monumentale et allait se terminer en désastre. Le chef du KGB, Andropov, qui soutenait l'idée de cette intervention, fut tellement ulcéré par ces propos qu'il ordonna de couper tous les contacts confidentiels entre le KGB et Primakov (selon le témoignage du général Kalouguine).

Alors âgé d'une cinquantaine d'années, Primakov commença à bâtir ses propres réseaux. Ainsi veilla-t-il aux intérêts familiaux de Gaïdar, d'Aliev, chef du parti communiste en Azerbaïdjan ou à ceux de Saddam Hussein, dont plusieurs parents venaient étudier en URSS. Puis il se plaça sous la protection d'Alexandre Yakovlev, que nous avons présenté au chapitre précédent. Ce dernier, après la mort d'Andropov en 1984, le présenta à Mikhaïl Gorbatchev qui le nomma à la tête de l'IMEMO. Il devint ensuite membre du Comité central, membre suppléant du Bureau politique et enfin membre du Conseil de sécurité de l'URSS.

Le programme réformiste de Gorbatchev n'ayant fait que hâter la dislocation du régime soviétique, la réussite de Primakov au sein de la nomenklatura engendra vite de l'amertume : il dut gérer les crises des républiques périphériques de l'URSS, notamment celles du Caucase qu'il aimait tant, et surtout organiser de nouvelles relations avec ses anciens alliés et clients du monde arabe. Entre août 1990 et février 1991, il chercha à dénouer la crise du Golfe de façon plus équilibrée et relativement favorable à l'Irak, alors que son « cousin » et rival géorgien, Edouard Chevardnadze, ministre des Affaires étrangères, proposait l'alignement total sur la coalition internationale dirigée par les États-Unis. À court terme, ce dernier l'emporta. À plus long terme, Primakov gagna dans cette affaire la réputation d'avoir été un vrai patriote soucieux des seuls intérêts de l'URSS.

Chef du SRV, la branche « extérieure » de l'ex-KGB, à partir de 1992, il présenta cet organisme comme un organe de sécurité normal d'un pays converti à la démocratie.

En fait, Primakov en préserva soigneusement les hommes et les structures. Et ses buts véritables (il s'en cachait de moins en moins) étaient la reconstitution de la puissance russe. Ce fut sous son contrôle que le SRV contribua à renforcer les tendances prorusses dans les républiques ex-soviétiques devenues indépendantes en 1991.

Tout en conservant ses liens avec l'Irak de Saddam Hussein, il améliora les rapports avec l'Iran, favorisant des ventes d'armes et des achats de pétrole. Aussi devint-il pour le monde arabe et musulman des années quatre-vingt-dix un symbole, sinon un mythe : celui d'une Russie vouée à retrouver son rang de grande puissance et à devenir le cœur d'une coalition antihégémonique visant à rééquilibrer la domination des États-Unis et à construire un « monde multipolaire ». C'était un thème voisin de l'idéologie nationaliste qui s'imposait à cette époque en Russie et qui fut reprise plus tard par Poutine.

Au début de l'année 1996, Primakov fut nommé ministre des Affaires étrangères. En avril 1998, lors d'un autre remaniement ministériel, Eltsine prit soin de le maintenir dans ses fonctions. Aussi, cinq mois plus tard, sa nomination à la tête du gouvernement qu'on a déjà évoquée, même si elle fut une surprise, apparaissait comme une solution parfaitement logique.

Le combat de Primakov contre la corruption, son domaine favori, le fit devenir l'adversaire le plus dangereux pour tout le clan du Kremlin et pour la « famille ».

En automne 1998, deux mois après la nomination de Primakov, le procureur général Skouratov lança une enquête pour corruption impliquant plusieurs personnes de la « famille », l'entourage de Boris Eltsine. Ses recherches, menées en collaboration avec le parquet suisse, aboutirent à un gigantesque scandale à rebondissements qui marquèrent les derniers mois du régime du « tsar Boris ». Cette enquête révéla que, pour obtenir de grands chantiers immobiliers comme la rénovation du Kremlin et la construction de luxueuses maisons pour les officiels russes, la société Mabetex avait versé des pots-de-vin aux proches de Boris

Eltsine. Une autre enquête concernant le blanchiment de l'argent d'Aeroflot impliquait également Berezovski qui fit l'objet d'un mandat d'arrêt.

Le Kremlin décida alors de régler l'affaire en employant les grands moyens. La « bombe » fut lancée à la télévision, montrant un homme « ressemblant au procureur général », en pleine action avec deux prostituées. La réputation du juge ainsi détruite, son enquête lui fut aussitôt retirée...

Primakov, piqué au vif, laissa machiavéliquement se propager des campagnes politico-judiciaires violentes contre la famille Eltsine, utilisant cette fois-ci la caisse de résonance des médias occidentaux. Mais, ce faisant, il contraignait ses adversaires à contre-attaquer, incitant Tatiana, affolée, à s'en remettre à Berezovski.

Au « bureau politique » formé des grands boyards de l'entourage d'Eltsine, la partie était jugée perdue. Tatiana tenta même discrètement de négocier une amnistie générale avec Primakov. Berezovski, lui, écarta ce scénario : « Si nous perdons le pouvoir, nous sommes morts. Il n'y aura pas d'amnistie, il n'y aura pas d'alternance. Nous ne sommes pas en Europe, ici, mais en Russie. Ne l'oubliez jamais. » Et l'oligarque de mettre en exergue l'âge avancé de Primakov et de proposer d'appliquer à nouveau la stratégie du « jeune premier » qui, nous l'avons vu, avait échoué en août 1998 avec l'éviction par la Douma de Sergueï Kirienko. Avec toutefois une modification d'envergure : puisque le Premier ministre Primakov jouait la carte du nationalisme, il fallait aller plus loin que lui dans cette direction.

L'intervention de l'Otan au Kosovo, au printemps 1999, allait être l'occasion du retournement.

Berezovski sut alors faire passer ces arguments à l'attention du président (essentiellement par l'intermédiaire de Tatiana, de Volochine, cet ancien collaborateur de Logovaz fraîchement nommé à la tête de l'administration présidentielle, ainsi qu'à travers Youmachev, collaborateur littéraire devenu conseiller d'Eltsine) : « Primakov appartient à un temps révolu. Il est trop âgé et malade... Il est trop rouge. » (Eltsine devait plus tard utiliser exactement le même terme dans ses *Mémoires*.)

Et Berezovski d'alerter ses interlocuteurs occidentaux : « Primakov est un nostalgique de ce grand empire qu'était l'Union soviétique », tout en esquissant un portrait robot du successeur d'Eltsine : « Il nous faut un homme jeune d'une grande fermeté qui sache garder son calme, ne pas se presser et aller au bout des choses. »

Plus que jamais, Eltsine était attentif aux idées de l'oligarque.

Jusqu'en février 1999, la « famille » avait encore l'espoir de conclure un marché avec Primakov. Mais au printemps, celui-ci dévoila ses ambitions présidentielles et son désir de remettre en selle les élites politiques de Gorbatchev, au détriment de l'entourage d'Eltsine, en commençant à utiliser sans vergogne la vague nationaliste qui le portait au pinacle dans l'opinion publique.

Comme les échéances électorales de la fin de l'année se rapprochaient, il fallait donc trouver un moyen de revenir sur le devant de la scène : la Tchétchénie allait offrir une véritable échappatoire. Et la conduite de ce dossier allait être confiée au chef des services secrets d'Eltsine, Vladimir Poutine, connu pour ses rapports personnels exécrables avec Primakov (qui à l'époque l'accusait même de le faire suivre par ses agents).

Poutine avait déjà démontré toute son « efficacité » dans l'affaire du procureur général. Le président le poussa donc en première ligne en le nommant à la tête du Conseil de sécurité le 29 mars 1999.

Le triomphe de l'homme de l'ombre

Histoire secrète de la montée de Poutine

Au printemps 1999, durant les bombardements de l'OTAN contre la Yougoslavie, l'opinion publique russe devint de plus en plus nationaliste et antioccidentale. Le clan Eltsine comprenant qu'il pouvait s'appuyer sur le patriotisme en le manipulant à son profit décida qu'une guerre victorieuse dans le Caucase pourrait tourner à son avantage.

La petite république de Tchétchénie était une source de préoccupations pour Moscou. Son président, Aslan Maskhadov, n'arrivait pas à maîtriser la situation devant la montée d'un islamisme guerrier. Dans ce contexte, Poutine mit sur pied une tactique de diversion en laissant s'introduire les islamistes au Dagestan, autre petite république voisine autonome du Caucase, ce qui lui donna le prétexte de recommencer la guerre contre les indépendantistes tchétchènes.

La question tchétchène fut discutée à la fin du mois de mars 1999, lors d'une réunion entre Sergueï Stepachine, ministre de l'Intérieur, Igor Sergueïev, ministre de la Défense, Anatoli Kvachnine, chef d'état-major des armées, et Vladimir Poutine, à l'époque toujours patron du contre-espionnage et nommé parallèlement secrétaire du Conseil de sécurité.

Le plan adopté prévoyait « des mesures opérationnelles » visant à installer un « cordon sanitaire » autour de la Tchétchénie. (Les spécialistes de la lutte antiterroriste, aussi bien russes qu'occidentaux, considèrent d'ailleurs ce cordon comme le meilleur moyen de stabiliser la situation.) Ce plan prévoyait aussi la fermeture des frontières avec les autres régions russes, la création d'une zone tampon sur la rive gauche du fleuve Terek, et le strict contrôle de la frontière avec la Géorgie (voie inévitable pour accéder aux bases tchétchènes). Les participants à cette réunion insistèrent également sur le fait qu'il fallait construire dans les plus brefs délais la bretelle nord de l'oléoduc Bakou-Novorossisk, afin d'éviter le tracé actuel passant à travers la Tchétchénie.

Le 5 avril, Boris Eltsine nommait le général Ovtchinnikov, un proche de Poutine, à la tête des troupes du ministère de l'Intérieur. Toutefois, pressentant que cette escalade allait aboutir à son limogeage, Primakov retarda l'opération en refusant de débloquer l'argent nécessaire.

Dans cette situation dramatique, Eltsine décida de réagir en s'appuyant sur ses prérogatives. D'abord il dessaisit Primakov du dossier yougoslave en nommant Tchernomyrdine représentant spécial chargé de ces questions. En mai 1999 enfin, « le tsar Boris » limogeait Primakov en le remplaçant par un terne mais fidèle ministre de l'Intérieur, Sergueï Stepachine.

Berezovski et ses amis du Kremlin furent alors soulagés, même si la situation restait délicate puisque Stepachine recherchait un compromis avec Primakov qui était toujours au sommet de sa popularité.

Après son limogeage, le socle électoral de Primakov — que supportait le maire de Moscou — commença à prendre corps. Des comités de soutien se formèrent à travers tout le pays pour appuyer le programme de la renaissance de la Russie proposé par Primakov.

La conjoncture semblait à nouveau désespérée pour les

oligarques et le Kremlin, affaiblis par les révélations sur le blanchiment de milliards de dollars par les proches du « tsar Boris ».

Les élections législatives se profilant en décembre et l'élection présidentielle six mois plus tard, les clans du Kremlin savaient qu'ils étaient à deux doigts de perdre le pouvoir. Il leur fallait vite trouver un moyen de renverser la vapeur.

Depuis plusieurs mois déjà, dans l'entourage de Berezovski, circulait l'idée d'aller chercher le chef de guerre tchétchène Chamil Bassaïev, figure de proue des indépendantistes qui fut en 1996-1997 un partenaire d'affaires de l'oligarque. L'homme idéal pour fomenter « une petite guéguerre, un conflit frontalier, un spectacle avec feu d'artifice... un grand jeu de gendarmes et de voleurs ».

L'affaire aurait été conclue sur la Côte d'Azur, à la mi-juillet 1999, dans la villa d'un riche marchand d'armes saoudien, par deux hommes : Anton Sourikov, ancien officier du GRU qui avait chapeauté le bataillon des frères Bassaïev pendant la guerre d'Abkhazie de 1992-1993, et l'islamiste Chamil Bassaïev (arrivé par bateau sous pavillon anglais). Les comploteurs se seraient mis d'accord sur le plan d'action suivant [1] :

« Au départ devra se produire un petit accrochage à la frontière avec la Tchétchénie. Puis Bassaïev devra occuper les districts au sud du Daguestan. »

D'autres indices vont dans le sens de cette enquête : le ministère de la Défense russe avait retiré ses contingents des régions voisines pour persuader les Tchétchènes de lancer une offensive facile.

« Ensuite, l'armée russe entrera en action et chassera les hommes de Bassaïev. Elle devra en profiter pour pénétrer

1. D'après l'enquête du journal moscovite *Versia* du 1er février 2000, du journaliste russe Boris Kargarlitski, s'appuyant sur les sources internes du GRU, le renseignement militaire.

en Tchétchénie... Tout cela prendra assez de temps et le pays vivra au rythme des communiqués militaires... Pendant ce temps se produira la relève du pouvoir grâce à la nomination du “ sauveur de la Russie ” au poste de Premier ministre. »

Selon les mêmes sources, ce fut pour Berezovski l'occasion de pousser le gouverneur de Krasnoïarsk, le général Lebed (dont il finança la campagne en vue de l'élection à ce poste en 1997), à jouer le rôle de « sauveur de la Russie ».

Deux éléments de ce tableau furent confirmés par plusieurs sources concordantes : le désir des boyards du Kremlin d'instrumentaliser la guerre en Tchétchénie pour influencer la situation en Russie ; l'utilisation des contacts privilégiés de Berezovski avec les chefs de guerre tchétchènes. Apparaissent aussi deux niveaux de manipulation parallèle : l'un, mis en scène par Berezovski, l'autre par les militaires dont il nous faut parler maintenant en mentionnant le rôle du chef d'état-major Anatoli Kvachnine — allié fidèle de Poutine et allergique à Lebed.

Ce général taciturne et volontaire supervisa en effet le volet militaire de cette partie de poker menteur, d'autant plus qu'il avait aussi une revanche à prendre en Tchétchénie où il avait essuyé plusieurs échecs en 1995 durant le premier conflit.

Après la première attaque (menée effectivement par Bassaïev au Daguestan au début du mois d'août 1999), Kvachnine aurait refusé de jouer la partition écrite par Berezovski, bloquant *de facto* le chef de guerre tchétchène. Selon nos sources, un autre oligarque, le libéral Anatoli Tchoubaïs, voulait aussi faire capoter le scénario initialement prévu, en s'opposant vigoureusement à la candidature du général Lebed au poste de Premier ministre.

Le scénario ne se déroula donc pas conformément aux plans de Berezovski et fut détourné par un nouveau centre du pouvoir secrètement mis en place depuis le printemps et reposant sur une alliance entre les services secrets, une faction dure de l'armée conduite par le chef d'état-major Anatoli Kvachnine. Ainsi Poutine fut-il poussé en première ligne par un jeu des forces obscures animé par ses parrains politiques.

Les parrains de Poutine

La première catégorie de ces tuteurs furent donc les militaires. Ils ont soutenu Poutine en menant en Tchétchénie une guerre sur mesure qui se solda par sept mille morts russes au moins. En échange, le commandement de l'armée voulait être associé à la direction du pays et imposer une politique de « puissance » : réarmement, reconstruction au moins partielle de l'ancienne URSS, stratégie « anti-hégémonique » — c'est-à-dire « anti-américaine » — impliquant notamment une plus grande coopération avec les alliés traditionnels de l'URSS : Cuba, l'Irak, la Corée du Nord, l'Iran, l'Inde, et surtout Pékin, toujours preneur de ce genre de coopération surtout dans le domaine militaire.

Les deuxièmes parrains du président russe furent les siens, les gens de l'ex-KGB ; ils ont aidé leur camarade Poutine à s'imposer puis à consolider son propre pouvoir. Après des années d'humiliation, l'échec de la guerre en Afghanistan, la réduction des effectifs et des moyens, le KGB et l'armée espéraient occuper à nouveau une place importante sur l'échiquier politique.

Ses troisièmes parrains furent les « boyards » ou « oligarques », ces hommes d'affaires que nous avons vus édifier d'immenses fortunes à l'ombre du système Eltsine.

Les dirigeants des grands conglomérats économiques tels que Gazprom ont toujours été liés avec le Kremlin. Ils ne formaient pas un groupe monolithique mais, dans l'ensemble, ils ont soutenu Poutine, étant selon leurs propres termes, « affolés » par la perspective de la remise en question par Primakov des résultats de la privatisation.

Le quatrième et dernier parrainage fut pour le moins paradoxal ; il s'agit du soutien caché du parti communiste, traditionnellement lié avec les cadres du KGB. Officiellement, son leader Ziouganov était le principal adversaire de Poutine. Mais les deux hommes avaient un intérêt commun à ce qu'il en fût ainsi : pour Poutine, c'était le moyen de mobiliser à son profit les deux tiers de l'électorat, restés irréductiblement hostiles au système de 1917 ; pour Ziouganov, c'était, en sens inverse, l'occasion de raffermir son emprise sur le dernier tiers.

Stepachine, l'éphémère successeur de Primakov au poste de Premier ministre, ne vit pas le vent tourner. Il fut donc remplacé en août 1999 par Vladimir Poutine. Ce dernier allait donner à Eltsine tous les gages nécessaires en le protégeant des attaques politico-judiciaires visant sa famille. Eltsine savait pertinemment que ce dernier irait jusqu'au bout pour combattre Primakov.

Laissons le président russe décrire les motifs de son choix : « La chose la plus significative fut sa très grande fermeté politique... Les multiples accrochages avec Primakov qui entendait bien mettre le FSB sous sa coupe n'ébranlèrent pas Poutine qui refusait catégoriquement de devenir le jouet de manœuvres politiciennes. »

Le poste de Premier ministre donna à Poutine des moyens considérables pour influencer les gouverneurs des régions et les dirigeants des grandes entreprises, ainsi le chemin des élections présidentielles fut-il débroussaillé, mais il fallait s'assurer le soutien de l'électorat (Eltsine alors était à 1 % de popularité).

La série d'attentats sanglants du mois d'août à Moscou et en province (293 morts au total) changea définitivement la donne en provoquant un réflexe sécuritaire et légitimiste dans la population. Poutine qui, grâce au soutien des oligarques, contrôlait déjà pratiquement tous les médias, dénonça violemment à la télévision la responsabilité des Tchétchènes. Peu importait qu'il n'eût jamais pu présenter de preuves convaincantes car les événements allaient se précipiter.

Le 23 septembre 1999, la Russie se lançait dans la guerre contre les indépendantistes tchétchènes avec l'appui de l'opinion publique mise en condition par cette vague d'attentats.

Poutine était devenu intouchable : la guerre avait renforcé son alliance avec l'armée. Il exploita aussi habilement la vague nationaliste en manipulant les médias, avec l'aide de ses conseillers en image des services secrets. Ces derniers mirent en exergue son jeune âge — antithèse d'un Eltsine diminué — et soulignèrent l'attachement de Poutine à la renaissance de la Russie en se référant aux deux figures historiques les plus populaires du pays, selon les sondages, le tsar Pierre le Grand et l'ex-chef du KGB, Andropov. (Le premicr étant le symbole de la grandeur de la Russie, le second, celui de la lutte contre la corruption.)

En novembre, tous les objectifs de l'opération « cordon sanitaire » étaient atteints. L'offensive pouvait dès lors être arrêtée. Mais elle se poursuivit, avec la rencontre de deux intérêts convergents : la volonté de revanche des militaires, et le désir du Kremlin d'utiliser la guerre pour assurer son succès électoral.

Cette opération permit à Moscou de reprendre pied en Tchétchénie en préservant son avantage stratégique dans le Caucase et ruina les chances des autres candidats, face à Poutine. Primakov n'allait même pas se présenter aux élections présidentielles.

L'ultime compte à rebours commença. Les combats s'intensifièrent en Tchétchénie et tournèrent à la guerre de reconquête. Le visage acéré, Poutine promit une victoire totale et — pour reprendre ses termes — « de zigouiller les terroristes tchétchènes jusqu'aux chiottes »...

L'opinion publique, lassée par la crise économique et humiliée par la perte du statut de grande puissance de la Russie depuis la chute de l'Empire soviétique, se rallia à lui en quelques semaines. De 1 % d'avis favorables, il passait à 70 % ! À la fin du mois d'octobre, il était en tête des sondages. À la fin du mois de novembre, le nouveau parti *Yedinstvo* (Unité), créé pour le soutenir, fit une percée dans l'opinion pour remporter les législatives du mois de décembre 1999.

Berezovski essaya en vain de prendre le train en marche en finançant ce parti (de son propre aveu, avec l'argent d'Aerolot transité par ses sociétés en Suisse). Mais, terrassé par une hépatite virale à Moscou, l'oligarque était définitivement mis hors-jeu.

À ce moment-là, le personnage de Poutine était encore entouré de mystère.

Qui était-il ? Un petit Machiavel avide de pouvoir ou un homme d'État choisi par la providence pour assurer la renaissance de la puissance russe ?

Les cinq masques de Poutine

Le 31 décembre 1999, Boris Eltsine annonçait sa démission et désignait Poutine comme successeur. En mars 2000, ce dernier était élu chef de l'État russe au premier tour de scrutin, sans même présenter un programme d'action, notamment en matière économique.

Il faut dire qu'il a su ratisser large. En dépassant les clivages gauche-droite et en développant un discours nébuleux tous azimuts, appelant un électorat disparate « à faire renaître la Russie, restaurer la verticale du pouvoir et assurer la dictature de la loi », il a donné l'image d'un homme habile aux multiples visages.

J'avais déjà eu cette impression en rencontrant Poutine en 1995 à Saint-Pétersbourg alors que j'y avais été invité par le maire, Anatoli Sobtchak, comme membre du jury du festival du cinéma.

Déjà à Paris, Sobtchak m'avait fait un éloge particulier de

son adjoint Poutine : « C'est un homme taciturne, efficace, très loyal... sur le plan personnel. » Plus tard, il me dira encore : « Il n'est pas l'archétype du tchékiste, c'est un personnage à part, rien à voir avec la caricature de l'espion du KGB. »

À Saint-Pétersbourg, je ne fus d'ailleurs pas le seul à être frappé par l'aptitude du futur président de la Russie à adapter son discours en fonction de son interlocuteur. (À l'époque, j'étais loin de soupçonner quel destin l'attendait.) On eût dit qu'il avait appris à se couler dans n'importe quel moule.

Poutine est né le 7 octobre 1952 à Leningrad. Élève brillant et solitaire, il préférait travailler plutôt que de fréquenter les soirées dansantes, ses rares loisirs étant consacrés au sport — c'est un excellent judoka. Dès son enfance, son idée fixe fut d'appartenir au KGB. Évoquant les films d'espionnage dans son livre d'entretiens, *Ot peryogo litsa*, il ne cache pas son enthousiasme pour ce métier : « Dans ces films, une seule personne est plus efficace que toute une armée [1]. » Quoique son père eût été membre du NKVD pendant la guerre, puis numéro un du Parti dans son atelier, et que son propre père eût été le cuisinier de Lénine puis de Staline, il fut décu par le choix de son fils qu'il aurait voulu voir devenir ingénieur.

Poutine, tout à son rêve de devenir espion, se renseigna auprès du KGB de Leningrad — il voulait s'engager sur-le-champ — où on lui conseilla de commencer par faire des études juridiques : « C'est ce qu'il y a de mieux pour entrer chez nous. »

« Pendant toutes ces années à l'Université, explique Poutine, je m'attendais à être contacté par la personne que j'étais allé voir à l'accueil du KGB. Mais évidemment, on m'avait oublié. Je n'étais qu'un lycéen lorsque j'étais allé

1. Les propos de Poutine dans ce chapitre sont tous tirés de cet ouvrage. Voir bibliographie.

vers eux. Qui aurait pu savoir que je ferais preuve d'une telle énergie ? Et puis, je n'avais pas oublié qu'ils ne prenaient pas les volontaires. » (C'était bien sûr le KGB qui faisait son choix.)

En 1975, diplômé de l'Université, il fut donc « choisi » par le KGB de Leningrad, parce qu'il était un des meilleurs étudiants. Aussi intégra-t-il les services de contre-espionnage de cette ville, s'occupant tout particulièrement des opposants au régime.

Le futur chef du Kremlin y passa quatre ans et demi avec deux interruptions pour formation. C'était l'époque où l'on enfermait les dissidents dans des hôpitaux psychiatriques. Il n'eut d'ailleurs aucun état d'âme à l'égard de ces pratiques et prétend aujourd'hui qu'il ne connaissait pas l'étendue de la terreur politique, ni au temps de Staline, ni plus tard : « Honnêtement, je n'y ai pas pensé du tout. Pas du tout. [...] Je ne songeais pas aux répressions. Mes idées sur le KGB se sont forgées à partir des récits romancés sur le travail des officiers de renseignements. J'étais, sans aucune exagération, l'heureux produit de l'éducation patriotique de l'individu soviétique. »

Son désir le plus intime était de devenir un James Bond à la russe et d'être envoyé en Occident. Il aurait pu y parvenir après la formation suivie à Moscou en 1978. Il s'agissait d'études bien particulières destinées à façonner de futurs agents. L'apprenti espion apprit l'allemand — qu'il parle sans accent — et même plusieurs dialectes. Mais son rêve d'entrer dans le service des « illégaux », le département S du KGB, se brisa. Au lieu de le détacher à l'Ouest, on le renvoya dans sa ville natale. Cette fois-ci il ne fut pas affecté à ce département des renseignements généraux repensés à la russe, mais au premier service du KGB de Leningrad chargé de l'espionnage.

Quatre ans et demi encore de tracasseries et de routine et toujours le même rêve : partir pour l'étranger. Mais pour ce faire, il fallait aussi être marié — règle obligatoire pour un officier du KGB affecté en dehors des frontières. (Les services secrets tenaient ainsi à éviter à leurs agents toute dispersion.)

Une candidate au mariage, rencontrée en 1980, était déjà sur les rangs. Le début de l'idylle entre cette belle hôtesse de l'air et le jeune engagé du KGB eut lieu à la sortie d'un spectacle, à Leningrad. Le futur « tsar » avait le charme particulier des gens venus du Nord mais, comme l'avoua Lioudmila Poutine, « il était tellement effacé et vêtu si pauvrement que je n'y aurais même pas prêté attention si je l'avais croisé dans la rue ». Ainsi Vladimir devint-il le chevalier servant de cette jeune fille affable et volontaire.

Lioudmila est née en 1955 sur les bords de la mer Baltique, à Kaliningrad, ville autrefois appelée Königsberg et devenue base navale de la marine soviétique. Enfant, elle admirait l'uniforme noir et or des marins. Passionnée par l'histoire, elle aimait la cathédrale gothique luthérienne datant de 1333, un des rares vestiges qui n'ait pas été détruit pendant la Seconde Guerre mondiale. Cette jeune fille rieuse était cependant plus intéressée par les voyages que par l'école. Rien d'étonnant si, au grand dam de sa mère, elle abandonna ses études pour devenir hôtesse de l'air sur les lignes intérieures soviétiques.

Le violoncelliste Sergueï Roldouguine est l'une des rares personnes à avoir observé le couple durant cette période. Poutine se présentait alors comme « expert des relations humaines ».

Durant leurs promenades sur la perspective Nevski, Vladimir évoquait souvent l'histoire de la Russie. Il voyait dans la statue équestre de Pierre Le Grand un symbole de grandeur et de volonté. Lioudmila ou Lutik, comme l'appelait son fiancé, évoquait plutôt les contrastes de l'âme russe, les contradictions de ses drames mêlant si violemment la splendeur à la grisaille, l'éclat perlé des nuits blanches de l'été à la noirceur lugubre de l'hiver.

Comme en témoignent leurs amis, ils parlaient de leur

enfance, du dernier spectacle qu'ils avaient vu, mais la politique était pratiquement bannie des conversations, d'abord parce que Poutine devait se tenir sur la réserve imposée par sa fonction, ensuite parce que Lioudmila (comme elle l'avoue elle-même) n'était guère intéressée par le sujet.

Trois ans et demi après leur première rencontre, Vladimir fit sa demande en mariage. Lioudmila se souvient de son étonnement : « Je pensais que Volodia voulait rompre. »

Le mariage eut lieu sans fastes en compagnie de quelques amis et parents, le 28 juillet 1983. La jeune femme apprit dans la foulée que son fiancé était un espion. (Il avait initialement déclaré travailler dans la police criminelle.)

Le couple ne disposa pas d'un logement particulier et dut partager l'appartement paternel. À la demande de son mari, Lioudmila quitta son travail et entra à la faculté de philologie pour apprendre le français et l'espagnol.

En 1985, une nouvelle chance sourit à Poutine. Il fut accepté pour suivre une nouvelle formation à Moscou, à l'Institut du Drapeau rouge, aujourd'hui Académie des renseignements extérieurs. Ses professeurs le décrivent comme un étudiant sans défaillance : « Il ne posait aucun problème, il n'y avait pas lieu de douter de son intégrité. Il était cependant assez renfermé. »

Là, le major Poutine fut enfin préparé pour se rendre à l'étranger et reçut le nom de code Platov.

« Pendant ces études, explique-t-il, il était très clair, dès le début, que l'on me préparait pour l'Allemagne, car on m'avait incité à parfaire mon allemand. La seule question était de savoir si on allait m'envoyer en RDA ou en RFA. Pour aller en RFA, il fallait travailler dans le département correspondant de l'appareil central au moins deux ou trois ans. »

Il fut donc affecté à Dresde en RDA par la première direction du KGB, au cœur du dispositif d'espionnage soviétique. En étroite collaboration avec la police politique, la Stasi de Marcus Wolf, il effectua plusieurs missions subalternes d'infiltration : selon ses propres aveux il s'occupa tout spécialement du ministère des Affaires étrangères de la RFA. « Le travail concernait le renseignement politique. Il s'agissait de collecter de l'information sur les hommes politiques, sur les plans de l'adversaire potentiel... Recrutement des sources, réception de l'information, traitement de celle-ci et réexpédition au centre. Il fallait réunir des données sur les partis politiques et leurs tendances, sur leurs dirigeants actuels et, si possible, futurs, sur la progression de certains dans la hiérarchie de leurs partis et de l'administration publique. Il était important de savoir qui faisait quoi, la ligne suivie par le ministère des Affaires étrangères concernant notre pays, son influence sur la politique sur divers problèmes dans différentes parties du monde. Ou bien encore, par exemple, quelle serait la position de nos interlocuteurs aux négociations sur le désarmement. Pour obtenir de telles informations les sources sont indispensables. C'est pour cette raison que nous menions parallèlement une activité de recrutement des sources... Un travail de routine. »

Selon ses collègues de la première direction du KGB, Poutine décrit assez fidèlement la réalité de son travail en majorant toutefois l'importance de son rôle. S'il se souciait de l'évolution de la situation en Allemagne qui risquait de devenir incontrôlable, il n'était qu'un fonctionnaire subalterne, loin des activités du groupe mythique *Loutch* (Rayon), chargé de faire remplacer les néostaliniens au sein de la direction de l'Allemagne de l'Est, et d'avantager les éléments progorbatcheviens.

En 1998, à peine nommé chef des services secrets, il chercha à savoir ce que ses patrons d'autrefois pensaient vraiment de lui. Le verdict n'était guère élogieux : Poutine avait toujours le même défaut, il était « peu sociable ».

À la fin de son séjour en Allemagne en 1989, Poutine fut décoré de la médaille de bronze de la Milice nationale populaire. Cette distinction ne récompensait pas un exploit exceptionnel, comme l'explique le chef des services secrets est-allemands, Marcus Wolf : « Secrétaire ou chauffeur, tous ont reçu cette médaille au bout de quelques années de travail, sans manquement grave. »

Au début de l'année 2000, pendant la campagne électorale de Poutine, de nombreuses publications le présentèrent comme une sorte de James Bond soviétique travaillant pour la légendaire ligne X chargée de l'espionnage scientifique et technique. De toute évidence, ces informations relèvent de la manipulation. Comme l'explique le président du KGB de l'époque, Vladimir Krioutchkov, « Poutine cherche ainsi à se mettre en valeur ».

En RDA, la vie quotidienne du couple s'améliora. Il disposait en effet d'un appartement et d'une voiture de fonction. Lioudmila s'inquiéta alors du changement physique de son mari. L'homme qui l'avait séduite avec sa silhouette svelte de judoka avait pris douze kilos : bière oblige… Elle émit également quelques réserves face aux aléas du métier de son époux. « Quand il était au KGB, avoue-t-elle, nous menions dans l'ensemble une vie très isolée, bourrée d'interdits… »

En effet, ils habitaient une sorte de ghetto réservé aux agents de renseignements comprenant cinq appartements affectés aux fonctionnaires du KGB et quatre aux officiers du GRU. Le bureau se trouvait à quelques minutes de marche, 4 Angelikastrasse.

Lioudmila s'occupait de ses deux petites filles, Macha, née à Leningrad, et Katia née en Allemagne. À l'époque elle partageait l'espoir de ses compatriotes pour la perestroïka. La jeune femme fut l'une des premières à changer le « look » des apparatchiks en portant des maillots bariolés achetés dans les grands magasins de Dresde. Cependant, elle ne faisait pas de folies : les maigres économies du couple étaient destinées à l'achat d'une voiture de marque Volga, comble du luxe à la soviétique.

Le crépuscule du communisme en Allemagne de l'Est représenta une étape importante de l'évolution personnelle du futur président russe : « Dans un certain sens, la RDA m'a ouvert les yeux. Je pensais arriver dans un pays du centre de l'Europe. C'était juste à la fin des années quatre-vingt et je me suis rendu compte, en parlant avec les employés de la Stasi, qu'ils se trouvaient, avec leur pays, dans la situation politique qu'avait connue l'Union soviétique longtemps auparavant. C'était un État totalitaire à l'image du nôtre trente ans plus tôt. Et le plus tragique était que beaucoup de gens croyaient sincèrement aux idéaux communistes. Bien sûr, certains soupçonnaient que le régime ne tiendrait pas longtemps. La perestroïka battait son plein dans notre pays et beaucoup de choses étaient débattues ouvertement. Mais, en RDA, tout restait encore tabou. »

Une reconversion réussie

Le retour en URSS en 1990 fut difficile pour l'officier du KGB. Il avait trente-huit ans. Pour ne pas laisser aux services secrets étrangers les noms de ses agents, Poutine devait détruire ses dossiers. Laissons-le s'exprimer : « Nous mîmes un terme à toutes nos liaisons, tous nos contacts, tous nos réseaux. J'ai brûlé personnellement une quantité énorme de documents. Le feu était si intense que le poêle a éclaté. Cela brûlait nuit et jour. Les documents les plus précieux étaient emportés à Moscou, mais ils ne représentaient plus d'importance opérationnelle. Tout le travail de nos sources avait cessé pour des raisons de sécurité. Les documents non détruits étaient remis aux archives. »

De plus, il eut des problèmes personnels. Un grave accident de voiture contraignit Lioudmila à une longue hospitalisation.

Pourquoi le futur président ne fut-il pas affecté au siège

du KGB à Moscou ? Il l'explique par une analyse de la crise générale en URSS, affirmant avoir compris avant l'heure que le système du KGB n'avait pas d'avenir : « Le pays lui-même n'avait pas de futur mais restait les bras croisés à l'intérieur du système en attendant sa désintégration... C'était trop dur. »

En réalité, selon nos sources, on ne lui avait rien proposé, sinon un placard à l'université de Leningrad. Aussi fut-il nommé adjoint du président de cette université et chargé des relations internationales. Il y fut d'ailleurs immédiatement surnommé « Stasi » par les étudiants. Les mauvaises langues avaient effectivement visé juste : le lieutenant-colonel du KGB était toujours considéré comme un membre de réserve actif des services secrets soviétiques.

Mais à la fin de 1989 le maire démocrate de Saint-Pétersbourg, Anatoli Sobtchak, proposa à Poutine de devenir son chef de cabinet.

L'idée avait été glissée à l'oreille du maire par un professeur de l'université. Pendant la campagne présidentielle, les journalistes proches du pouvoir présentèrent Poutine comme l'élève favori de Sobtchak, alors qu'en réalité, il n'avait été qu'un étudiant de la faculté de droit parmi d'autres. Lui et Sobtchak s'étaient à peine croisés dans les années soixante-dix quand le futur maire de Saint-Pétersbourg y était professeur.

Ce ne fut cependant pas un marché de dupes. Au moment de cet engagement, Sobtchak savait pertinemment que Poutine appartenait toujours aux services secrets, mais il espérait sans doute en tirer profit, notamment en obtenant des informations crédibles sur la situation dans sa ville. Quant aux chefs du KGB, ils n'y virent aucun inconvénient puisqu'un des leurs allait se trouver ainsi infiltré dans l'entourage direct d'une grande figure du mouvement démocratique. Poutine avoue d'ailleurs que le KGB a essayé d'utiliser son influence auprès de Sobtchak, mais il affirme avoir toujours refusé.

Une nouvelle vie commençait pour le futur président. Le couple bénéficia d'un luxueux appartement dans le centre de Saint-Pétersbourg et fit l'acquisition de deux terrains de trois mille mètres carrés situés dans la campagne environnante, où il fit construire une datcha. Malheureusement, lors de son inauguration, on fit allumer le sauna et la datcha flamba. Les Poutine ne baissèrent pas pour autant les bras et achetèrent une nouvelle maison de campagne de cent cinquante mètres carrés dans une coopérative dirigée par un représentant présumé du clan criminel de Tambov, estimée à un demi-million de dollars. (Ce qui entraîna le courroux des détracteurs de Poutine, car le salaire déclaré de l'adjoint au maire ne permettait pas une telle acquisition.)

Sobtchak, souvent parti pour l'étranger, déléguait ses pouvoirs à son bras droit. Et Poutine devint très vite le gestionnaire clé de la ville. D'abord en animant le Comité des relations extérieures. Ainsi prit-il l'initiative d'y installer de grandes banques étrangères. Expérience oblige, il avantagea en premier lieu les sociétés allemandes. Tout passa bientôt sous sa coupe — direction de l'administration, direction judiciaire, direction hôtelière, direction commerciale, forces de l'ordre.

Pendant cette période, il fut la cible des critiques car Saint-Pétersbourg devint la capitale de la criminalité russe, dominée par la mafia de Tambov. L'ancien procureur général Skouratov affirma que Poutine avait des activités économiques incompatibles avec ses fonctions d'adjoint au maire mais il ne put apporter aucune preuve à l'appui de ses dires.

Dans cette ambiance de corruption totale, l'adjoint au maire ne s'est pourtant pas « montré avide de pots-de-vin », comme me l'a rapporté le président de la station de radio Europa Plus, Georges Polinski, en me racontant la saga de l'installation de sa société sur les bords de la Neva [1].

1. Entretien avec l'auteur le 5 juin 1995.

En revanche, il est incontestable qu'il eut des contacts permanents avec la pègre, devenue partie intégrante de l'élite économique du pays. La bande de Tambov contrôlait le marché du pétrole, assurant *de facto* la direction de la compagnie pétersbourgeoise d'hydrocarbure. Poutine n'hésitait d'ailleurs pas à recourir à ses services pour assurer la sécurité de Sobtchak, notamment pendant le putsch de 1991 [1].

« La méthode Poutine » remonte à cette époque. Ainsi essayait-il de travailler avec tout le monde en évitant d'être dépendant d'un seul clan. Tout en étant obligé de garder des relations avec la mafia, il entretenait des contacts privilégiés avec les services secrets et les généraux de l'armée dirigeant la région militaire de Saint-Pétersbourg. Dans ce milieu, le lieutenant-colonel Poutine était de loin mieux considéré que Sobtchak.

L'accusation la plus grave portée au sujet de sa gestion remonte au mois de décembre 1991. Poutine demanda au gouvernement d'accorder à la ville de Saint-Pétersbourg des quotas d'exploitation de pétrole et de métaux non ferreux, pour la somme de 122 millions de dollars. En échange, il devait, pour faire face à la pénurie, assurer l'approvisionnement des Pétersbourgeois en produits alimentaires. Le résultat de ce troc fut plus que pitoyable : seuls deux cargos d'huile de table et rien d'autre.

Une commission d'enquête fut créée pour analyser les répercussions de cette escroquerie et le futur chef du Kremlin faillit bien affronter la justice. Mais le maire imputa ces abus aux structures commerciales qui n'auraient pas respecté les accords conclus avec la municipalité. Rien de surprenant si, après cette affaire, Poutine afficha son souci de respecter scrupuleusement la légalité. Cette question adressée à ses consultants allait désormais devenir une rengaine : « Est-ce légal ? »

1. Entretien de ce dernier avec l'auteur le 23 octobre 1991.

En 1996, Anatoli Sobtchak perdait la mairie de Saint-Pétersbourg et Poutine son travail.

Le KGB revint au Kremlin

Pour trouver une nouvelle affectation, Poutine disposait de son réseau à Moscou, au sein de l'administration présidentielle et du gouvernement où travaillaient plusieurs anciens de Saint-Pétersbourg, notamment le vice-Premier ministre Alexeï Bolchakov ainsi que le très influent chef de la campagne électorale d'Eltsine en 1996, Anatoli Tchoubaïs et son équipe d'économistes libéraux.

Étrangement, la première proposition d'emploi que l'on fit à Poutine ne vint pas de ses alliés, mais de l'intendant de Boris Eltsine, Pavel Borodine, qui intervint pour faire attribuer à l'ancien collaborateur d'Anatoli Sobtchak une place dans les services du Kremlin. Le décret de nomination était sur le point d'être signé lorsque le président nomma Tchoubaïs chef de l'administration présidentielle.

À cette époque, Eltsine qui avait eu un nouvel infarctus, était hospitalisé et se préparait à subir une grave opération à cœur ouvert. La nomination de Tchoubaïs visait à mettre un homme de confiance à la tête de l'administration du Kremlin. Dans la réorganisation des services, le poste dévolu à Poutine fut supprimé. Mais Tchoubaïs n'oublia pas Poutine et lui offrit la direction des relations publiques dans son équipe. L'intéressé ne fut pas enthousiasmé par cette perspective mais, faute de mieux, décida d'accepter ce poste. Cependant, lorsque Alexeï Bolchakov, propulsé numéro deux du gouvernement, apprit sa déconvenue, il appela aussitôt Pavel Borodine. Grâce à cet appui décisif Poutine fut finalement promu adjoint de Borodine, directeur du « département des Affaires générales de l'administration présidentielle » (cabinet de Boris Eltsine), pour s'occuper des affaires légales et des avoirs russes à l'étranger.

Le patrimoine géré par Borodine, c'est-à-dire l'héritage des biens de l'ancien parti communiste, était colossal : trois millions de mètres carrés de bureaux (l'ensemble des bâtiments officiels de la capitale russe), deux mille datchas, autant d'appartements, de vastes terrains constructibles, des complexes hôteliers et une multitude de propriétés dans soixante-dix-huit pays, les maisons de repos du gouvernement, le parc automobile officiel, la compagnie aérienne de la présidence, et des relais de la télévision nationale.

Pour travailler sous les ordres de Borodine, les Poutine s'installèrent à Moscou.

Lioudmila ne fut guère enchantée par cette promotion. Cependant, la vie y avait ses avantages, notamment pour ses filles qui purent suivre l'école de l'ambassade d'Allemagne. Ainsi parlent-elles un allemand parfait, sans accent.

Il s'agit sans doute de la période la plus délicate de l'ascension du futur président russe. Comme autrefois, à propos des persécutions des dissidents dans les années cinquante, Poutine répète invariablement ne pas avoir été au courant des contrats douteux qui auraient été conclus par ses patrons au Kremlin à cette époque. Pourtant, en ces années-là, il se trouvait aux postes stratégiques d'adjoint de Borodine, puis à partir de mars 1997 directeur central du contrôle d'administration présidentiel. Quant aux juges d'instruction helvétiques, ils sont formels : c'est justement entre juin 1996 et juillet 1998 que Borodine aurait empoché la modique somme de 25 millions de dollars. Selon le juge genevois, Daniel Devaud, l'escroquerie présumée concernait trois opérations : les rénovations de l'avion présidentiel, de la Chambre des comptes et du palais du Kremlin. Preuves à l'appui, le juge donne des détails très précis : les travaux auraient d'abord été surfacturés à une société suisse, Mercata, dirigée par un Russe, Victor Stolpovskikh, qui aurait empoché 492 millions de dollars et reversé 62,52 millions de pots-de-vin. L'argent transitait d'abord sur l'île de Man, puis repartait vers des comptes à Genève, Lugano, Zurich, Guernesey et Nassau. Leurs titulaires étaient des sociétés écrans basées à Chypre, au Liechtenstein, à Panama ou aux îles Vierges [1].

Borodine fut la figure symbolique de cette fièvre affairiste qui accompagna la chute de l'URSS marquée par la mise en place d'un immense système de rémunérations et de services croisés, reliant une grande partie de la classe politique russe, toutes tendances confondues.

Les « talents » de Borodine ont permis de transformer cette confusion entre fortunes privées et patrimoine d'État en véritable stratégie politique au service d'Eltsine, de sa famille et de ses amis, en créant un mécanisme pour assurer les allégeances envers le « tsar ». Ces puissants réseaux ont pénétré tous les niveaux de l'État, des petits commis des bureaux aux plus puissants gouverneurs des régions.

Sous les ordres de Borodine, le futur président semblait concentrer son attention sur un tout autre domaine où la corruption battait également son plein, en constituant de volumineux dossiers détaillés sur chacun des quatre-vingt-neuf dirigeants des sujets de la Fédération. Informations qui allaient lui être précieuses pour « persuader » les hommes forts de ces provinces de le soutenir lors des élections.

Le 20 juillet 1999, l'éphémère Premier ministre Sergeï Kirienko convoqua Poutine de manière impromptue à l'aéroport, pour lui annoncer sa nomination au poste de directeur du FSB.

Selon ses dires, le nouveau patron des services secrets n'était pas enchanté par la nouvelle car il ne souhaitait pas « traverser deux fois la même rivière ».

Officiellement, le KGB est mort en 1991. Comme principal animateur du putsch, son chef Krioutchkov fut poursuivi en justice. Les structures furent démantelées et

1. *Le Point*, 22 septembre 2000.

divisées en plusieurs organes : le FSK, chargé du contre-espionnage, le FAPSI des communications, le SRV du renseignement extérieur, le service de protection de la sécurité des organes du pouvoir, et les gardes-frontières. Passant de 700 000 à quelque 80 000 employés, le KGB nouvelle formule sortit affaibli, principalement chargé de la lutte contre la corruption, le trafic de drogues et la mafia.

Mais, dès 1995, en plein conflit tchétchène, le FSK fut rebaptisé FSB, Service fédéral de sécurité, retrouvant ainsi non seulement une partie de ses compétences mais aussi les méthodes autrefois utilisées contre les dissidents soviétiques. Nombreuses furent les bavures. Par exemple, en janvier 1996, l'intervention des forces d'élite du FSB à Pervomaïskoïe, un village du Daguestan pris en otage par des combattants Tchétchènes, se termina par une centaine de morts et la fuite des terroristes.

En revanche le KGB a parfaitement réussi sa reconversion. Les ex-kaguébistes sont toujours omniprésents dans la diplomatie, les médias, les grands établissements industriels et bancaires. À la fin des années quatre-vingt, ils ont réussi à infiltrer pratiquement toutes les importantes structures mafieuses dirigeant l'économie de l'ombre.

Dès son arrivé à la Loubianka, siège emblématique des services secrets, Poutine apprécia tout particulièrement cette formidable capacité d'adaptation des agents du KGB. Lui-même n'avait-il pas effectué une reconversion spectaculaire, tout en demeurant fidèle à sa maison mère ?

En effet, les kaguébistes étaient les mieux préparés à survivre à l'effondrement du système soviétique, comprenant avant tout le monde que son temps était révolu. En contact direct avec les pays de l'Ouest, ils étaient aptes à faire face à ces transformations. Nous avons déjà vu comment les hommes du KGB se sont reconvertis dans les services de sécurité des grands conglomérats industriels proliférant sur les décombres du communisme. Mais les kaguébistes sont également présents dans les partis politiques, des établissements bancaires et des sociétés offshore, mis en place par le Kremlin dans les paradis fiscaux où, à la fin de l'URSS, les services secrets s'étaient chargés de protéger le trésor de guerre du Parti, comme par exemple la société Fimaco, domiciliée à Jersey, île anglo-normande, véritable paradis fiscal. Au début son capital était de mille dollars jusqu'à ce qu'elle reçoive en dépôt les réserves du trésor de l'Union soviétique, à la veille du putsch de 1991.

La force du nouveau chef des services secrets du Kremlin ne tenait donc pas dans son savoir-faire politique mais dans l'utilisation efficace des méthodes apprises durant sa carrière d'espion. Eltsine avoue dans ses *Mémoires* qu'il fut subjugué lorsque Poutine risqua sa carrière pour organiser la fuite à l'étranger de son ancien patron Sobtchak accusé d'avoir reçu des pots-de-vin.

En effet, à peine nommé, Poutine s'était rendu tout spécialement à Saint-Pétersbourg pour superviser cette audacieuse opération. Un avion privé de la compagnie finoise Jet Flite, payé 50 000 francs en espèces, avait été affrété par « des amis » de l'ancien maire de Saint-Pétersbourg et le passage des frontières impeccablement organisé. Ainsi Sobtchak évita-t-il les poursuites judiciaires et, après la nomination de Poutine au poste de Premier ministre, son dossier fut clos.

Le tsar et les boyards

L'homme de l'ombre mesure toujours sa puissance à l'étendue de ses réseaux. Et Poutine n'a pas hésité à mettre à son profit tout le potentiel de l'ex-KGB, y compris ses anciens collaborateurs reconvertis. Comme il le dit lui-même, « il faut utiliser efficacement les vétérans des services ».

Ainsi l'ancien patron du KGB, Krioutchkov, voit-il le nouveau tsar et lui prodigue-t-il des conseils. Il fut même l'invité d'honneur de la cérémonie d'investiture du président.

Poutine s'est d'ailleurs montré reconnaissant envers ses collègues : sur les vingt et une nominations de la haute administration auxquelles il a procédé durant les trente premiers jours de son mandat, onze concernaient des anciens des services secrets. Le Conseil de sécurité fut dirigé par un homme de confiance, kaguébiste pur-sang, Sergueï Ivanov, nommé plus tard ministre de la Défense. Cinq sur sept superpréfets nommés par le nouveau président sont des généraux des services secrets ou de l'armée.

Au mois de décembre 1999, Poutine se rendit à la Loubianka pour célébrer la fête de la Tcheka, police politique de Lénine. Lors du banquet un toast fut proposé : « Que tous les tchékistes se lèvent ! » Tout le monde s'est dressé comme un seul homme au garde-à-vous, Poutine aussi... Comme on dit dans ces murs : « On ne quitte jamais le KGB. »

Allait-il pour autant, en vrai homme de l'ombre, jouer sur tous les tableaux ? L'ex-KGB contre l'armée ou encore contre les oligarques ? En tout état de cause, en janvier 2001, il a donné cette impression en écartant les militaires de la direction du ministère de la Défense et même de l'état-major spécial chargé de mener la guerre en Tchétchénie. Pour gérer ce conflit au mieux de ses intérêts, l'ex-lieutenant-colonel Poutine a donc appelé le lieutenant-général Patrouchev, chef de ses services secrets et son vieil ami de Saint-Pétersbourg. Une décision justifiée, selon Poutine, par le fait que « le FSB est un organe qui, aux termes de la Constitution, doit lutter contre le terrorisme ». Or la « lutte contre le terrorisme islamique » est la seule justification du Kremlin pour poursuivre contre vents et marée une guerre qui, à l'instar de celle de la fin des années quatre-vingt en Afghanistan, est en train de devenir une mine à retardement pour le régime du Kremlin.

Si la police secrète a toujours été au cœur de l'État russe, une autre tradition veut qu'on ne lui permette jamais d'acquérir trop d'influence. Et un tsar qui s'appuierait exclusivement sur elle serait condamné. Poutine a sans doute médité plus d'une fois sur le destin de Beria éliminé dans les conditions que nous avons racontées. Alexandre Soljenitsyne a affirmé : « On a choisi Poutine en estimant qu'il est le plus apte à rendre intouchable le butin des grands enrichis. Son premier décret, qui garantit l'immunité de Boris Eltsine — un décret incroyable ! —, le prouve à l'évidence. » Cependant l'ancien dissident, qui accusa Eltsine d'avoir « détruit la Russie », est visiblement plus séduit par Poutine qu'il a reçu chez lui en « espérant qu'il rompe le pacte de fidélité et fasse une autre politique ».

Certes, le nouveau tsar n'est pas un banal instrument entre les mains des seigneurs oligarques. Avant d'être élu il a joué à la perfection la partition écrite par ses parrains politiques, à savoir : remplacer le vieux tsar, lui garantir l'immunité judiciaire ; conduire la guerre de Tchétchénie, en lui assignant un double objectif : détourner la vindicte populaire contre le pouvoir sur les Caucasiens et remporter le scrutin présidentiel.

Après les élections, Vladimir Poutine s'est révélé un manipulateur beaucoup plus sophistiqué que Boris Eltsine et n'a pas fait de cadeaux aux boyards déchus. L'arrestation en janvier 2001 aux États-Unis de l'ancien protecteur du président russe, Pavel Borodine, paraît indiquer que Poutine ne fera de ce délicat dossier un problème majeur ni avec Washington ni avec la Suisse qui poursuit son enquête sur l'affaire de corruption que nous avons évoquée. Poutine a ainsi toléré de « lâcher » son ancien mentor (aussitôt remplacé, même s'il garde temporairement son poste de secrétaire exécutif de l'Union Russie-Biélorussie).

Il s'est d'ailleurs distancé de la « famille » eltsinienne. Les grands oligarques comme Boris Berezovski n'en sont plus les figures centrales. Désormais, le nouveau tsar veut imposer sa volonté.

Restera-t-il l'otage de son entourage ou deviendra-t-il marionnettiste ?

Poutine a en tout cas compris qu'il ne pourra conserver la confiance de l'opinion et le soutien des services secrets et de l'armée qu'en prenant des mesures contre la « méga-corruption » dans ce pays où 40 % de la population vit au-dessous du seuil de pauvreté et où l'économie reste largement criminalisée.

Depuis l'été 2000, l'assaut a donc été lancé contre les oligarques, susceptibles de financier des opposants politiques potentiels en reprenant le contrôle des grands médias russes qui avaient formulé des critiques sévères du régime eltsinien.

Après l'accession de Vladimir Poutine à la présidence, les actions judiciaires pleuvent. Attaqué pour sa gestion, soupçonné de fraude, le groupe Media-Most, propriétaire de la seule chaîne de télévision indépendante, a dénoncé, en vain, un complot ourdi par le Kremlin.

Quant à Berezovski, il applique la maxime de Jean Cocteau : « Ces événements nous dépassent, feignons d'en être les organisateurs... » Particulièrement mis en cause dans les affaires de blanchiment d'argent (un milliard de dollars au total), il est passé à l'« opposition ». Tantôt à Londres, dans sa luxueuse résidence de Kensington, voisine de la demeure de la défunte princesse Diana, tantôt dans son château de la Côte d'Azur, Berezovski déclare à qui veut l'entendre qu'il préfère être un « réfugié » politique plutôt qu'un « prisonnier » politique. Il a renoncé à son mandat de député se prononçant contre une politique « souhaitable, certes, mais irréaliste » de mise au pas en matière financière.

La méthode Poutine

En mars 2004, Poutine a été triomphalement réélu au poste de président. L'histoire russe montre que la fonction métamorphose souvent l'homme qui l'endosse. Khrouchtchev, criminel stalinien, devint le symbole même de la déstalinisation en utilisant une partie du programme de Beria. Le tsar doit être capable de manipuler les idées de ses adversaires.

Poutine n'hésita donc pas à présenter la situation de la Russie en des termes se rapprochant du discours des ténors communistes de la Douma qui, autrefois, voulaient destituer Eltsine. Le président a même repris à son compte leur idée du « génocide » de la nation russe. Reconnaissant que la population diminuait chaque année de 750 000 personnes, il a déclaré : « La survie de notre nation est menacée. » Ces déclarations furent accompagnées de propos aimables à l'endroit de Guennadi Ziouganov, secrétaire du parti communiste. Poutine a ainsi réussi à « neutraliser » le principal parti d'opposition. Lors du Congrès du PC, tenu en grande pompe au début du mois de décembre à la Maison des Colonnes à Moscou, les délégués se sont prononcés pour une « attitude constructive » à l'égard du président.

Selon l'analyse du chef d'État, le déclin est dû à une désastreuse situation économique, et il ne se fait guère d'illusion sur la récente amélioration de la conjoncture en raison de la hausse du prix du pétrole.

Pour éviter une catastrophe nationale, Poutine préconise un seul antidote : la renaissance des structures étatiques, détruites par le chaos postcommuniste. Il a divisé la Russie en super-régions, nommé par décret sept super-préfets. Il a imposé à la Douma une réforme du Conseil de Fédération (le Sénat), mettant fin à la participation des gouverneurs à cette assemblée. Pour imposer ses projets le président a consciemment brandi la menace de l'éclatement de la Russie, la présentant comme un ensemble d'îles dirigées par la mafia locale et les oligarques.

Son approche reste à la fois marquée par son passé policier et technocratique : il définit des objectifs et, pour les atteindre, tous les moyens sont bons.

Sa stratégie repose sur la manipulation des phobies, notamment du complexe viscéral de la population dit « du château assiégé », reflétant les craintes des Russes devant les forces hostiles de l'extérieur, les Tchétchènes, l'OTAN, l'économie de marché.

Mais Poutine manipule aussi les phobies des Occidentaux qui ont peur que la Russie ne devienne instable, belliqueuse si elle n'a pas un tsar fort. Il a réussi quelques opérations, comme ce projet d'approvisionnement de l'Europe en gaz naturel qui pourrait effectivement sceller « une alliance énergétique » de l'Atlantique à l'Oural et faire oublier, chemin faisant, aux Occidentaux les quelques « dérives malheureuses » de son parcours, notamment en Tchétchénie.

Ainsi la Russie a-t-elle commencé à vivre dans une sorte de « démocratie contrôlée ».

La catastrophe du sous-marin *Koursk,* en mer Baltique, alors qu'il participait à des manœuvres d'entraînement a mis à l'épreuve « la méthode Poutine ». Le 12 août 2000 deux explosions, à deux minutes d'intervalle, ont détruit immédiatement la plupart des compartiments de ce sous-marin.

Construit en 1995, le *Koursk* était le plus récent et le plus robuste des sous-marins lance-missiles russes. Pour cette raison il avait été appelé à prendre part à ce qui devait être le plus important exercice naval de l'année. Le bâtiment devait à cette occasion tester de nouveaux moteurs de torpille, réputés plus économes, également plus rustiques. Les torpilles restaient les mêmes, seule la propulsion changeait. Ce fut donc un retour de flamme de l'allumage du moteur qui engendra l'explosion fatale [1].

1. Ces informations publiées par l'organe du ministère de la Défense russe *Krasnaïa Zvezda* sont confirmées par des sources américaines publiées dans le *Washington Post* et *Valeurs Actuelles.*

Poutine a attendu une semaine pour interrompre ses vacances au bord de la mer Noire, à Sotchi, et rentrer au Kremlin. Les Russes n'ont vu dans ce retour qu'un geste accompli sous la pression de l'opinion publique. Ils furent scandalisés par le contraste entre les images venant du Nord et celles de Sotchi où l'on voyait le président bronzé en polo « Lacoste », affirmant que la Russie disposait de tous les moyens nécessaires au sauvetage. Même les journaux proprésidentiels s'étonnèrent du ton sec et distant de Poutine à l'égard des sauveteurs et de son manque de compassion pour les familles des marins. Le même jour, l'amirauté russe demandait l'aide de la Grande-Bretagne et de la Norvège. Pour l'opinion, tout était clair : on avait perdu quatre jours à cause d'un terrible péché d'orgueil du nouveau tsar.

La méthode de manipulation, autrefois efficace, est désormais battue en brèche grâce à la liberté de la presse. Les journalistes n'ont pas eu peur de donner des informations sur la désorganisation des institutions d'État. Ainsi, peu après que le vice-Premier ministre eut déclaré « les familles ont été prévenues que les délais de survie sont dépassés », Poutine affirmait en même temps de son côté : « Les sauveteurs se battront jusqu'à la dernière minute pour la vie de chaque marin. »

Pourquoi l'état-major de la marine russe laissa-t-il se propager tant d'informations fantaisistes ? Pourquoi a-t-il fait croire à une collision avec un autre navire ou avec une mine ? Pour ne pas admettre un accident technique ?

Contrairement à la guerre en Tchétchénie, l'exécutif n'a pas su expliquer ses prises de position sur la crise du sous-marin. L'opinion attendait une réaction « morale et émotionnelle » du président, elle n'a eu qu'une réponse de technocrate.

Poutine s'est-il laissé abuser par le haut commandement de l'armée et de la marine qui lui aurait, au début du moins, caché l'ampleur du désastre ? En réalité il fut informé de la situation par Sergueï Ivanov, secrétaire du Conseil de sécurité, qui s'appuyait sur les informations du FSB.

Le chef du Kremlin a donc essayé d'influencer l'opinion publique pour soutenir le haut commandement militaire, son allié, au nom de la grandeur du pays. Mais cette fois-ci, ni la presse, ni une naissante société civile russe ne se sont laissé berner.

Le comble demeure les séquences vues par le monde entier à la télévision lorsque la mère d'un marin du *Koursk*, ravagée par le désespoir, fustigea le vice-Premier ministre russe chargé des opérations de sauvetage. « Vous avez des enfants vous ? Sûrement pas. Combien de temps cela va-t-il encore durer ? Ils sont là en train de mourir dans cette boîte de conserve. Et pour 350 francs par mois... »

Un homme tenta de la calmer, murmurant à son oreille, mais elle reprit de plus belle avant de s'effondrer d'un bloc.

La scène, insupportable, l'est encore plus quand on connaît ce détail accablant : une femme lui faisant une piqûre à travers ses vêtements allait être découverte sur une photo agrandie.

Les représentants du pouvoir ont vite retrouvé les vieilles méthodes...

La tragédie du *Koursk* a montré que les plus hautes responsabilités exigent d'autres qualités que celles des hommes de l'ombre. D'ailleurs Poutine n'a-t-il pas avoué ses limites en disant que même dans ses pires cauchemars il n'aurait pas imaginé être un jour président.

Certes, il ne faut pas le juger avant l'heure ni appliquer à cette Russie en pleine période de transition l'aune des pays occidentaux, mais, en attendant, il persiste dans « sa méthode ». Ainsi dans la même journée, est-il capable de déposer une gerbe de fleurs sur la tombe de Sakharov, flambeau de la dissidence, avant d'aller se recueillir sur celle d'Andropov, figure emblématique du KGB et persécuteur de Sakharov.

Interminable succession de masques, éternel retour des hommes de l'ombre.

On attendait la fin de l'Histoire, mais c'est une histoire sans fin.

Bibliographie

ADJOUBEÏ Alexeï, *À l'ombre de Khrouchtchev*, La Table Ronde, Paris, 1989.

ALBATS Evguenia, *La Bombe à retardement, enquête sur la survie du KGB*, Plon, Paris, 1995.

AMALRIK Andreï, *L'Union soviétique survivra-t-elle en 1984 ?*, Fayard, Paris, 1990.

ANDREW Christopher, et MITROKHINE Vassili, *The Sword and the Shield : The Mitrokhine Archive and the Secret History of the KGB*, Basic Books, New York, 1999.

BARRON John, *KGB, the Secret Work of Soviets Secrets Agents*, Bantam Books, New York, 1974.

BERIA Sergo, *Beria, mon père*, Plon, Paris, 1999.

BESANÇON Alain, *L'Anatomie d'un spectre,* Calmann-Lévy, Paris, 1981.

BLANC Hélène et RÉNATA Lesnik, *Le Mal russe*, Archipel, Paris, 2000.

BOUKOVSKY Vladimir, *Jugement à Moscou*, Laffont, Paris, 1995.

CARRÈRE D'ENCAUSSE Hélène, *L'Empire éclaté, la révolte des nations en URSS*, Flammarion, Paris, 1978.

—, *Le Pouvoir confisqué : gouvernants et gouvernés en URSS*, Flammarion, Paris, 1980.

CHERBARCHINE Leonid, *Rouka Moskvy*, Tsentr-100, Moscou, 1992.

CHENTALINSKI Vitali, *Les Surprises de la Loubianka,* Laffont, Paris, 1997.

CHURCHILL Winston, *The Aftermath*, Macmillan & Co, Londres, 1941.

COULLOUDON Virginie, *La Mafia en Union soviétique*, Lattès, Paris, 1990.

DAIX Pierre, *L'Avènement de la Nomenklatura*, Complexe, Paris, 1982.

DJILAS Milovan, *The New Class, an analysis of the communist system,* Praeger, New York, 1957.

ELTSINE Boris, *Jusqu'au bout !* Presses Pocket, Paris, 1991.

—, *Sur le fil du rasoir*, Albin Michel, Paris, 1994.

—, *Mémoires*, Flammarion, Paris, 2000.

GATES Robert, *From the Shadows*, Simon & Schuster, New York, 1996.

GORBATCHEV Mikhaïl, *Mémoires*, Le Rocher, Monaco, 1997.

—, *Perestroïka, vues neuves sur notre pays et le monde*, Flammarion, Paris, 1987.

GRATCHEV Andreï, *Staline est-il mort ?*, Le Rocher, Monaco, 1998.

GROMYKO Andreï, *Mémoires*, Belfond, Paris, 1989.

GUETTA Bernard, *L'Éloge de la tortue*, Hachette, Paris, 1991.

HELLER Michel, *La Machine et les Rouages : la formation de l'homme soviétique*, Calmann-Lévy, Paris, 1985.

KENNAN George, *The Nuclear Delusion, Soviet-American relations in the Atomic Age*, Pantheon Books, New York, 1983.

KERVOKOV Viatcheslav, *Taïnyï kanal*, Gueïa, Moscou, 1997.

KLEBNIKOV Paul, *The Godfather of the Kremlin*, Hartcourt, New York, 2000.

KORJAKOV Alexandre, *Boris Eltsine : ot passveta do zakata*, Interbouk, Moscou, 1988.

KOSTINE Sergueï, *Bonjour farewell*, Laffont, Paris, 1997.

KRIOUCHTKOV Vladimir, *Litscnoïe delo*, Moscou, 1997.

LAPORTE Pierre, *Histoire de l'Okhrana*, Payot, Paris, 1936.

LAURENT Eric, *L'Effondrement*, Olivier Orban, Paris, 1992.

LECOMTE Bernard, *Le Bunker. Vingt ans de relations franco-soviétiques*, Lattès, Paris, 1994.

LESNIK Renata, et BLANC Hélène, *L'Empire de toutes les mafias*, Presses de la Cité, Paris, 1996.

LORRAIN Pierre, *La Mystérieuse ascension de Vladimir Poutine*, Le Rocher, 2000.

LOUPAN Victor, *Le Défi russe*, Les Syrtes, Paris 2000.

MEDVEDEV Roy, *Le Stalinisme : origine, histoire, conséquences*, Le Seuil, Paris, 1972.

—, *Staline et le satlinisme*, Albin Michel, Paris, 1979.

MODINE Iouri, *Mes camarades de Cambridge*, Laffont, Paris, 1994.

PALAJTCHENKO Pavel, *My years with Gorbatchev and Chevarnadze : The Memoir of a Soviet Interpreter*, Pennsylvania State University Press, 1997.

POPOV Gavriil, *Que faire ? Mon projet pour la Russie*, Belfond, Paris, 1992.

POUTINE Vladimir avec GUEVORKIAN N., TIMAKOVA N. et KOLESNIKOV A., *Ot pervogo litsa. Rasgovory s Vladimirom Poutinym*, Vagrius, Moscou, 2000.

ROCHE François, *Le Hold-Up du siècle*, Le Seuil, 2000.

SOLJENITSYNE Alexandre, *Le Chêne et le Veau*, Le Seuil, Paris, 1975.

SOKOLOV Georges, *Puissance pauvre*, Fayard, Paris, 1996.

SOUDOPLATOV Pavel, *Missions spéciales*, Le Seuil, Paris, 1994.

TCHERNAÏEV Anatoli, *Chest let s Gorbatchevym*, Progress, Moscou, 1993.

THOM Françoise, *Le Moment Gorbatchev*, coll. « Pluriel », Hachette, Paris, 1989.

TIKHONOV Nikolaï, *L'Économie soviétique, réalisation, problèmes, perspectives*, Novisti, Moscou, 1983.

TROYAT Henri, *Raspoutine*, Flammarion, Paris, 1996.

VADREAU Pierre-Marie, *Où va la Russie ?* 1996.

YAKOVLEV Alexandre, *Vospominania*, Varguious, Moscou, 2000.

ZINOVIEV Alexandre, *Les Confessions d'un homme en trop*, Olivier Orban, 1990.

Beria, Fondation Internationale pour la démocratie, Moscou, 1999.

Hearing on the Threat of Russian Organised Crime, Comité de relations internationales de la Chambre des représentants, Washington DC, 30 avril 1996.

Hearing on Russian Corruption, Comité sur les activités bancaires de la Chambre des représentants, Washington DC, 22 septembre 1999.

Les Grandes Énigmes du Kremlin, dossier I, Crémille, Genève, 1973.

Les Grandes Énigmes du Kremlin, dossier II, Crémille, Genève, 1973.

Remerciements

Ce livre n'aurait jamais existé sans une amitié reflétant des affinités particulières entre la France et la Russie.

Je voudrais exprimer ma profonde reconnaissance à Isabelle de Tredern qui, avec son talent et sa passion pour l'histoire de la Russie, m'a une fois encore accompagné dans ce travail.

Mes remerciements vont aussi à mon éditeur Xavier de Bartillat, Jean d'Hendecourt et à Emmanuelle Roederer.

Je suis reconnaissant à mes amis du Mémorial de Caen, à son directeur Jacques Belin et à son directeur scientifique Claude Quétel, qui ont soutenu cet ouvrage, dont la publication intervient en même temps que la création du musée de la Guerre froide, dans le cadre de l'extension du Mémorial.

Je suis aussi reconnaissant à Michel Gurfinkiel qui, par ses connaissances de l'histoire de la Russie, m'a toujours aidé.

Je n'oublie pas non plus Alexandre Yakovlev, l'idéologue de la perestroïka, et Edouard Chevarnadze, président de Géorgie. La franchise de leurs propos sur ces années charnières me fut décisive pour la compréhension des événements.

Je garde aussi en mémoire mes entretiens avec feu le maire démocrate de Saint-Pétersbourg, Anatoli Sobtchak, qui encouragea jadis mon projet.

Merci, enfin, aux collaborateurs des archives de la Fédération de Russie qui m'ont ouvert leurs fonds sans réserve.

Table

collection tempus
Perrin

DÉJÀ PARU

50. *Histoire de l'Allemagne* – Henry Bogdan.
51. *Lieutenant de panzers* – August von Kageneck.
52. *Les hommes de Dien Bien Phu* – Roger Bruge.
53. *Histoire des Français venus d'ailleurs* – Vincent Viet.
54. *La France qui tombe* – Nicolas Baverez.
55. *Histoire du climat* – Pascal Acot.
56. *Charles Quint* – Philippe Erlanger.
57. *Le terrorisme intellectuel* – Jean Sévillia.
58. *La place des bonnes* – Anne Martin-Fugier.
59. *Les grands jours de l'Europe* – Jean-Michel Gaillard.
60. *Georges Pompidou* – Eric Roussel.
61. *Les États-Unis d'aujourd'hui* – André Kaspi.
62. *Le masque de fer* – Jean-Christian Petitfils.
63. *Le voyage d'Italie* – Dominique Fernandez.
64. *1789, l'année sans pareille* – Michel Winock.
65. *Les Français du Jour J* – Georges Fleury.
66. *Padre Pio* – Yves Chiron.
67. *Naissance et mort des Empires.*
68. *Vichy 1940-1944* – Jean-Pierre Azéma, Olivier Wieviorka.
69. *L'Arabie Saoudite en guerre* – Antoine Basbous.
70. *Histoire de l'éducation,* tome III – Françoise Mayeur.
71. *Histoire de l'éducation,* tome IV – Antoine Prost.
72. *La bataille de la Marne* – Pierre Miquel.
73. *Les intellectuels en France* – Pascal Ory, Jean-François Sirinelli.
74. *Dictionnaire des pharaons* – Pascal Vernus, Jean Yoyotte.
75. *La Révolution américaine* – Bernard Cottret.
76. *Voyage dans l'Égypte des Pharaons* – Christian Jacq.
77. *Histoire de la Grande-Bretagne* – Roland Marx, Philippe Chassaigne.
78. *Histoire de la Hongrie* – Miklós Molnar.
79. *Chateaubriand* – Ghislain de Diesbach.
80. *La Libération de la France* – André Kaspi.
81. *L'empire des Plantagenêt* – Martin Aurell.
82. *La Révolution française* – Jean-Paul Bertaud.
83. *Les Vikings* – Régis Boyer.
84. *Examen de conscience* – August von Kageneck.
85. *1905, la séparation des Églises et de l'État.*

emmes cathares – Anne Brenon.
Espagne musulmane – André Clot.
Verdi et son temps – Pierre Milza.
89. *Sartre* – Denis Bertholet.
90. *L'avorton de Dieu* – Alain Decaux.
91. *La guerre des deux France* – Jacques Marseille.
92. *Honoré d'Estienne d'Orves* – Etienne de Montety.
93. *Gilles de Rais* – Jacques Heers.
94. *Laurent le Magnifique* – Jack Lang.
95. *Histoire de Venise* – Alvise Zorzi.
96. *Le malheur du siècle* – Alain Besançon.
97. *Fouquet* – Jean-Christian Petitfils.
98. *Sissi, impératrice d'Autriche* – Jean des Cars.
99. *Histoire des Tchèques et des Slovaques* – Antoine Marès.
100. *Marie Curie* – Laurent Lemire.
101. *Histoire des Espagnols,* tome I – Bartolomé Bennassar.
102. *Pie XII et la Seconde Guerre mondiale* – Pierre Blet.
103. *Histoire de Rome,* tome I – Marcel Le Glay.
104. *Histoire de Rome,* tome II – Marcel Le Glay.
105. *L'État bourguignon 1363-1477* – Bertrand Schnerb.
106. *L'Impératrice Joséphine* – Françoise Wagener.
107. *Histoire des Habsbourg* – Henry Bogdan.
108. *La Première Guerre mondiale* – John Keegan.
109. *Marguerite de Valois* – Eliane Viennot.
110. *La Bible arrachée aux sables* – Werner Keller.
111. *Le grand gaspillage* – Jacques Marseille.
112. *« Si je reviens comme je l'espère » : lettres du front et de l'Arrière, 1914-1918* – Marthe, Joseph, Lucien, Marcel Papillon.
113. *Le communisme* – Marc Lazar.
114. *La guerre et le vin* – Donald et Petie Kladstrup.
115. *Les chrétiens d'Allah* – Lucile et Bartolomé Bennassar.
116. *L'Égypte de Bonaparte* – Jean-Joël Brégeon.
117. *Les empires nomades* – Gérard Chaliand.
118. *La guerre de Trente Ans* – Henry Bogdan.
119. *La bataille de la Somme* – Alain Denizot.
120. *L'Église des premiers siècles* – Maurice Vallery-Radot.
121. *L'épopée cathare,* tome I, *L'invasion* – Michel Roquebert.
122. *L'homme européen* – Jorge Semprún, Dominique de Villepin.
123. *Mozart* – Pierre-Petit.
124. *La guerre de Crimée* – Alain Gouttman.
125. *Jésus et Marie-Madeleine* – Roland Hureaux.
126. *L'épopée cathare,* tome II, *Muret ou la dépossession* – Michel Roquebert.
127. *De la guerre* – Carl von Clausewitz.
128. *La fabrique d'une nation* – Claude Nicolet.

129. *Quand les catholiques étaient hors la loi* – Jean Sévillia.
130. *Dans le bunker de Hitler* – Bernd Freytag von Loringhoven et François d'Alançon.
131. *Marthe Robin* – Jean-Jacques Antier.
132. *Les empires normands d'Orient* – Pierre Aubé.
133. *La guerre d'Espagne* – Bartolomé Bennassar.
134. *Richelieu* – Philippe Erlanger.
135. *Les Mérovingiennes* – Roger-Xavier Lantéri.
136. *De Gaulle et Roosevelt* – François Kersaudy.
137. *Historiquement correct* – Jean Sévillia.
138. *L'actualité expliquée par l'Histoire.*
139. *Tuez-les tous! La guerre de religion à travers l'histoire* – Elie Barnavi, Anthony Rowley.
140. *Jean Moulin* – Jean-Pierre Azéma.
141. *Nouveau monde, vieille France* – Nicolas Baverez.
142. *L'Islam et la Raison* – Malek Chebel.
143. *La gauche en France* – Michel Winock.
144. *Malraux* – Curtis Cate.
145. *Une vie pour les autres. L'aventure du père Ceyrac* – Jérôme Cordelier.
146. *Albert Speer* – Joachim Fest.
147. *Du bon usage de la guerre civile en France* – Jacques Marseille.
148. *Raymond Aron* – Nicolas Baverez.
149. *Joyeux Noël* – Christian Carion.
150. *Frères de tranchées* – Marc Ferro.
151. *Histoire des croisades et du royaume franc de Jérusalem*, tome I, *1095-1130, L'anarchie musulmane* – René Grousset.
152. *Histoire des croisades et du royaume franc de Jérusalem*, tome II, *1131-1187, L'équilibre* – René Grousset.
153. *Histoire des croisades et du royaume franc de Jérusalem*, tome III, *1188-1291, L'anarchie franque* – René Grousset.
154. *Napoléon* – Luigi Mascilli Migliorini.
155. *Versailles, le chantier de Louis XIV* – Frédéric Tiberghien.
156. *Le siècle de saint Bernard et Abélard* – Jacques Verger, Jean Jolivet.
157. *Juifs et Arabes au XXe siècle* – Michel Abitbol.
158. *Par le sang versé. La Légion étrangère en Indochine* – Paul Bonnecarrère.
159. *Napoléon III* – Pierre Milza.
160. *Staline et son système* – Nicolas Werth.
161. *Que faire?* – Nicolas Baverez.
162. *Stratégie* – B. H. Liddell Hart.
163. *Les populismes* (dir. Jean-Pierre Rioux).
164. *De Gaulle, 1890-1945,* tome I – Eric Roussel.
165. *De Gaulle, 1946-1970,* tome II – Eric Roussel.
166. *La Vendée et la Révolution* – Jean-Clément Martin.

167. *Aristocrates et grands bourgeois* – Eric Mension-Rigau.
168. *La campagne d'Italie* – Jean-Christophe Notin.
169. *Lawrence d'Arabie* – Jacques Benoist-Méchin.
170. *Les douze Césars* – Régis F. Martin.
171. *L'épopée cathare,* tome III, *Le lys et la croix* – Michel Roquebert.
172. *L'épopée cathare,* tome IV, *Mourir à Montségur* – Michel Roquebert.
173. *Henri III* – Jean-François Solnon.
174. *Histoires des Antilles françaises* – Paul Butel.
175. *Rodolphe et les secrets de Mayerling* – Jean des Cars.
176. *Oradour, 10 juin 1944* – Sarah Farmer.
177. *Volontaires français sous l'uniforme allemand* – Pierre Giolitto.
178. *Chute et mort de Constantinople* – Jacques Heers.
179. *Nouvelle histoire de l'Homme* – Pascal Picq.
180. *L'écriture. Des hiéroglyphes au numérique.*
181. *C'était Versailles* – Alain Decaux.
182. *De Raspoutine à Poutine* – Vladimir Fedorovski.
183. *Histoire de l'esclavage aux Etats-Unis* – Claude Fohlen.
184. *Ces papes qui ont fait l'histoire* – Henri Tincq.
185. *Classes laborieuses et classes dangereuses* – Louis Chevalier.
186. *Les enfants soldats* – Alain Louyot.
187. *Premiers ministres et présidents du Conseil* – Benoît Yvert.
188. *Le massacre de Katyn* – Victor Zaslavsky.
189. *Enquête sur les apparitions de la Vierge* – Yves Chiron.
190. *L'épopée cathare,* tome V, *La fin des Amis de Dieu* – Michel Roquebert.
191. *Histoire de la diplomatie française,* tome I.
192. *Histoire de la diplomatie française,* tome II.
193. *Histoire de l'émigration* – Ghislain de Diesbach.
194. *Le monde des Ramsès* – Claire Lalouette.
195. *Bernadette Soubirous* – Anne Bernet.
196. *Cosa Nostra. La mafia sicilienne de 1860 à nos jours* – John Dickie.
197. *Les mensonges de l'Histoire* – Pierre Miquel.
198. *Les négriers en terres d'islam* – Jacques Heers.
199. *Nelson Mandela* – Jack Lang.
200. *Un monde de ressources rares* – Le Cercle des économistes et Erik Orsenna.
201. *L'histoire de l'univers et le sens de la création* – Claude Tresmontant.
202. *Ils étaient sept hommes en guerre* – Marc Ferro.
203. *Précis de l'art de la guerre* – Antoine-Henri Jomini.
204. *Comprendre les Etats-unis d'aujourd'hui* – André Kaspi.
205. *Tsahal* – Pierre Razoux.
206. *Pop philosophie* – Mehdi Belahj Kacem, Philippe Nassif.
207. *Le roman de Vienne* – Jean des Cars.
208. *Hélie de Saint Marc* – Laurent Beccaria.

209. *La dénazification* (dir. Marie-Bénédicte Vincent).
210. *La vie mondaine sous le nazisme* – Fabrice d'Almeida.
211. *Comment naissent les révolutions.*
212. *Comprendre la Chine d'aujourd'hui* – Jean-Luc Domenach.
213. *Le second Empire* – Pierre Miquel.
214. *Les papes en Avignon* – Dominique Paladilhe.
215. *Jean Jaurès* – Jean-Pierre Rioux.
216. *La Rome des Flaviens* – Catherine Salles.
217. *6 juin 44* – Jean-Pierre Azéma, Philippe Burrin, Robert O. Paxton.
218. *Eugénie, la dernière impératrice* – Jean des Cars.
219. *L'homme Robespierre* – Max Gallo.
220. *Les Barbaresques* – Jacques Heers.
221. *L'élection présidentielle en France, 1958-2007* – Michel Winock.
222. *Histoire de la Légion étrangère* – Georges Blond.
223. *1 000 ans de jeux Olympiques* – Moses I. Finley, H. W. Pleket.
224. *Quand les Alliés bombardaient la France* – Eddy Florentin.
225. *La crise des années 30 est devant nous* – François Lenglet.
226. *Le royaume wisigoth d'Occitanie* – Joël Schmidt.
227. *L'épuration sauvage* – Philippe Bourdrel.
228. *La révolution de la Croix* – Alain Decaux.
229. *Frédéric de Hohenstaufen* – Jacques Benoist-Méchin.
230. *Savants sous l'Occupation* – Nicolas Chevassus-au-Louis.
231. *Moralement correct* – Jean Sévillia.
232. *Claude Lévi-Strauss, le passeur de sens* – Marcel Hénaff.
233. *Voyage d'automne* – François Dufay.
234. *Erbo, pilote de chasse* – August von Kageneck.
235. *L'éducation des filles en France au XIXe siècle* – Françoise Mayeur.
236. *Histoire des pays de l'Est* – Henry Bogdan.
237. *Les Capétiens* – François Menant, Hervé Martin, Bernard Merdrignac, Monique Chauvin.
238. *Le roi, l'empereur et le tsar* – Catrine Clay.
239. *Neanderthal* – Marylène Patou-Mathis.

À PARAÎTRE

Judas – Pierre-Emmanuel Dauzat.
La guerre des capitalismes aura lieu – Le Cercle des économistes (dir. Jean-Hervé Lorenzi).

Composition Nord Compo
Villeneuve-d'Ascq

Impression réalisée sur Presse Offset par

CPI

Brodard & Taupin

La Flèche (Sarthe), le 15-10-2008
pour le compte des Éditions Perrin
11, rue de Grenelle
Paris 7e

N° d'édition : 2270 – N° d'imprimeur : 49685
Dépôt légal : mai 2007

Imprimé en France